Rendida

Entrégalo todo... y conoce al Rey como nunca antes

9 Y siempre que los seres vivientes dan gloria, honor y acción de gracias al que está sentado en el trono, al que vive por los siglos de los siglos,
*10 los veinticuatro ancianos **se postran** delante del que está sentado en el trono, y adoran al que vive por los siglos de los siglos, y **echan sus coronas delante del trono**, diciendo:*
11 «Digno eres, Señor y Dios nuestro, de recibir la gloria, el honor y el poder, porque Tú creaste todas las cosas, y por Tu voluntad existen y fueron creadas».

Apocalipsis 4:9−11

Las citas bíblicas han sido tomadas de la versión NASB 1995/NBLA/entre otras.

Este libro ha sido creado con el propósito de enseñar principios bíblicos de una manera clara, profunda y aplicable a la vida diaria. No reemplaza la lectura y el estudio personal de la Biblia, sino que busca inspirar una relación más íntima y constante con Dios a través de Su Palabra.

Primera edición: 2025
ISBN: 979-8-9927393-2-9

Visita nuestro sitio web y descarga **gratis** el libro digital
Un Legado de Fe: Un Llamado Poderoso Para Discipular a la Próxima Generación.
JESUSPINKYPROMISE.COM

Leslie Torres
Autora

Ilustradora:
Amanda Middleton
Behance.net/amandamiddleton

Si este devocional ha sido de bendición para tu vida, te pedimos por favor que escribas una reseña de cinco estrellas y lo recomiendes a otras mujeres. Al hacerlo, nos ayudas a cumplir la Gran Comisión: compartir la Palabra de Dios y animar a más hijas del Rey a rendirse completamente a Él.
¡Juntas podemos hacer la diferencia!

Síguenos en redes sociales:

Querida hermana en Cristo:

No estás aquí por casualidad. Si tienes este libro en tus manos, es porque el Rey te está llamando a más. Más de Su presencia. Más profundidad. Más verdad. Más intimidad con Él. Este devocional nació de un anhelo profundo que el Señor puso en mi corazón: ver mujeres completamente rendidas a Él, no en teoría, sino en la práctica diaria.

Mujeres que entregan sus sueños y anhelos personales para vivir los sueños que Dios tiene para ellas. Mujeres que no se conforman con una relación superficial, sino que se atreven a entregarlo todo por Aquel que lo entregó todo por ellas, para conocerlo como nunca antes. La Palabra dice: "Me buscarán y Me encontrarán, cuando Me busquen de todo corazón." (Jer. 29:13) Y eso es precisamente lo que este devocional te invitará a hacer, buscarlo de todo corazón.

Durante estos 60 días, te invito a caminar conmigo en un proceso de transformación. Cada reflexión ha sido escrita con oración, con lucha y, sobre todo, con esperanza. Aquí no encontrarás palabras bonitas para animarte un rato, sino verdades que confrontan, que sanan, que transforman y que edifican.

Dios no quiere solo una parte de ti. Él quiere toda tu alma, todo tu espíritu y todo tu cuerpo como una ofrenda viva. "Presenten sus cuerpos como sacrificio vivo y santo, aceptable a Dios, que es su culto racional." (Rom. 12:1)

Mi deseo es que, en cada página, puedas escuchar la voz del Rey hablándote directamente, llevándote a rendirte más y más, hasta que toda tu vida sea una ofrenda para Él.
Si estás lista para conocer al Señor de verdad... Atrévete a rendirte. Él te está esperando. "Acérquense a Dios y Él se acercará a ustedes." (Stgo. 4:8a)

¡No camines sola!
Escanea el QR Code y únete a una comunidad de mujeres como tú, en nuestro grupo privado de Facebook; **Hijas del Altísimo: Un legado de Fe**

Recibe apoyo, inspiración diaria y habla directamente con la autora.
¡Te esperamos con los brazos abiertos!

Contenido

Semana 5 – Formación Espiritual

- *Abraza el silencio como entrenamiento espiritual*
- *Comparte tu testimonio sin miedo*
- *Activa una fe que mueve montañas*
- *Responde cuando Él te llama por tu nombre*
- *Libérate del pasado de una vez por todas*
- *Deja de compararte, eres única en Él*
- *Refúgiate en la presencia de Dios*

Semana 6 – Poder Espiritual

- *Practica disciplinas que te fortalezcan*
- *Protege tu corazón de toda distracción*
- *Sé parte activa del cuerpo de Cristo*
- *No improvises: busca la unción con compromiso*
- *Camina con propósito eterno*
- *Deja que Su poder se perfeccione en tu debilidad*
- *Permite que el quebranto te transforme*

Semana 7 – Carácter Piadoso

- *Haz todo con excelencia para Él*
- *Brilla con la luz de Cristo donde estés*
- *Ríndete por completo a Su voluntad*
- *Deja que Él sane tus heridas profundas*
- *Cree en el Dios de lo imposible*
- *Ora con autoridad espiritual*
- *Usa Su Palabra como tu espada*

Semana 8 – Paz y Confianza

- *Busca restaurar, no solo ganar discusiones*
- *Sé una mujer sabia y prudente*
- *Ama como Cristo te ama*
- *Cultiva un espíritu manso y firme en la verdad*
- *Vive el fruto del Espíritu cada día*
- *Construye una vida de oración constante*
- *Administra tu tiempo con intención eterna*

Semana 9 – Impacto y Multiplicación

- *Obedece aunque no entiendas*
- *Recibe paz que sobrepasa todo entendimiento*
- *Vístete de fuerza y dignidad*
- *Multiplica lo que Dios te dio e impacta generaciones*

Rendición Total

Rinde el control

¿Te cuesta soltar el deseo de tenerlo todo bajo control? No estás sola. Muchas veces tratamos de manejar nuestras circunstancias, protegernos del dolor o forzar resultados, como si eso nos garantizara seguridad. Nos convencemos de que, si planificamos lo suficiente, evitamos errores y mantenemos todo "en orden", entonces todo saldrá bien. Pero esa necesidad de control muchas veces nace del miedo, no de la fe.

La verdad es que el control que creemos tener es una ilusión. Solo YAHWEH tiene el poder, la sabiduría y la visión perfecta para guiar nuestras vidas. Él ve lo que tú no ves. Él conoce el mañana. Por eso, como nos recuerda Proverbios, estamos llamadas a confiar en el Señor con todo nuestro corazón y no apoyarnos en nuestro propio entendimiento, reconociéndolo en todos nuestros caminos, confiando en que Él enderezará nuestras sendas (Proverbios 3:5–6).

Cuando confías de verdad, entregas el volante. Sueltas la ansiedad, el perfeccionismo y la frustración, y comienzas a caminar en paz, sabiendo que Dios está al mando. Jesús mismo nos mostró este camino cuando oró en Getsemaní: "Padre, si es posible, que pase de mí esta copa; pero no sea como yo quiero, sino como Tú quieras" (Mateo 26:39).
Rendir el control no es pasividad; es valentía espiritual. Es reconocer que Su voluntad es mejor, incluso cuando no la entiendes. Es soltar lo temporal para abrazar lo eterno. Filipenses nos anima: "Por nada estén afanosos... y la paz de Dios, que sobrepasa todo entendimiento, guardará sus corazones" (Filipenses 4:6–7). Hoy, haz una pausa. Pregúntale al Señor. ¿Qué estoy tratando de controlar que necesito entregarte? Y entrégaselo. Su paz te espera al otro lado de la rendición.

Oración
Padre Celestial, reconozco que muchas veces he intentado tomar el control de mi vida, mis emociones, mis relaciones y mis planes. Perdóname por confiar más en mí misma que en Ti. Hoy me rindo por completo. Te entrego cada carga, cada miedo y cada intento de control. Quiero caminar en obediencia y descanso, sabiendo que Tú tienes cuidado de mí. Dirige mis pasos conforme a Tu voluntad y llena mi corazón con la paz que solo Tú puedes dar. En el nombre del Señor Jesucristo, Amén.

Día 1: Notas

Fecha: _____

_____

_____

_____

_____

_____

_____

_____

_____

_____

_____

_____

_____

_____

_____

_____

Recuerda que no estás sola

Cuando las dificultades se acumulan o nuestras fuerzas flaquean, la soledad puede convertirse en una de las tentaciones más fuertes del corazón. Sentimos que nadie entiende lo que estamos viviendo, que nuestra lucha es invisible, que caminamos solas. Pero esa es una mentira que el enemigo quiere que creas para debilitar tu fe.

La verdad es que nunca estás sola. Dios ha prometido estar contigo en todo momento, no solo cuando todo va bien, sino especialmente en medio del dolor, la confusión y el cansancio. Su presencia está más cerca que tu propia respiración. Él dice: "No temas, porque Yo estoy contigo; no te desalientes, porque Yo soy tu Dios. Te fortaleceré, te ayudaré, te sostendré con Mi diestra victoriosa" (Isaías 41:10).

Él no solo está contigo, también pelea por ti. Te levanta cuando caes, seca tus lágrimas y sostiene tu alma cuando sientes que ya no puedes más. Jesús mismo prometió: "Y Yo estoy con ustedes todos los días, hasta el fin del mundo" (Mateo 28:20b). Esa promesa es tuya hoy.

No importa si otros te fallaron o si te sientes invisible, incomprendida o débil. Su fidelidad permanece firme. Como declara la Escritura, "No te dejará ni te desamparará" (Deuteronomio 31:6b). Así que hoy, aunque no sientas nada, cree por fe que Él está a tu lado. Habla con Él, busca Su rostro y deja que Su amor te envuelva. El Dios que nunca falla está contigo.

Oración

Padre amado, gracias porque Tú estás siempre conmigo. Perdóname por las veces que he sentido que estoy sola y he olvidado Tu promesa de estar a mi lado. Hoy elijo confiar en Tu presencia constante y en Tu fidelidad. Te pido que me llenes de valentía y paz, sabiendo que nunca me dejarás. Guía mis pasos y fortalece mi corazón. En el nombre del Señor Jesucristo,
Amén.

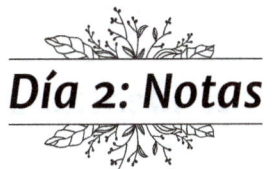

Día 2: Notas

Fecha: _____

_____

_____

_____

_____

_____

_____

_____

_____

_____

_____

_____

_____

_____

_____

_____

Camina en tu identidad en Cristo

Vivimos en un mundo que constantemente nos bombardea con mensajes contradictorios sobre quiénes somos. Las redes sociales, las expectativas culturales, las comparaciones y nuestras propias inseguridades pueden nublar la visión de nuestra verdadera identidad. Nos dejamos definir por nuestros logros, fracasos, apariencia o historia. Pero ninguna de esas cosas tiene la autoridad para decir quién eres. La Palabra de Dios nos revela con claridad nuestra verdadera identidad en Cristo. No somos lo que el mundo etiqueta, ni somos nuestras emociones o heridas.

Somos hijas del Rey, creadas a Su imagen, redimidas por la sangre del Cordero y amadas con un amor eterno, incomprensible para nuestra mente natural. La Escritura afirma que si alguien está en Cristo, nueva criatura es; lo viejo pasó, ha venido ya lo nuevo (2 Corintios 5:17).

Desde el momento en que aceptaste a Cristo, tu identidad fue transformada por completo. Lo viejo quedó atrás. Ya no eres esclava de la culpa, ni del rechazo, ni de los temores del pasado. Has sido vestida de justicia, y tu nombre está escrito en el cielo. Solo Cristo tiene el derecho de definir quién eres. Efesios nos recuerda que Dios nos escogió en Él antes de la fundación del mundo, para que fuéramos santos y sin mancha delante de Él.

En amor nos predestinó para adopción como hijos para sí mediante Jesucristo (Efesios 1:4–5). Hoy, decide creer esta verdad. No camines más como quien no sabe a quién pertenece. Tu identidad está sellada por Aquel que no miente. Eres hija, eres amada y eres libre.

Oración
Padre celestial, gracias por hacerme Tu hija y por darme una nueva identidad en Cristo. Perdóname por las veces que he permitido que el mundo o mis inseguridades definan quién soy. Hoy elijo caminar en la identidad que Tú me has dado: amada, elegida, y renovada. Ayúdame a vivir según Tu verdad y a recordar siempre que soy Tu hija, y que en Ti tengo todo lo que necesito. En el nombre del Señor Jesucristo, Amén.

Día 3: Notas

Fecha: _____

_____

_____

_____

_____

_____

_____

_____

_____

_____

_____

_____

_____

_____

_____

Obedece y verás Su mano

La obediencia es uno de los principios más poderosos en la vida cristiana. Muchas veces queremos seguir nuestro propio camino, hacer las cosas a nuestra manera y confiar en nuestra lógica, emociones o experiencias. Pero solo hay un camino seguro: el que Dios traza con Su Palabra. Obedecer no siempre es fácil. A veces implica renunciar a lo que deseamos, esperar cuando preferimos avanzar, o actuar cuando quisiéramos quedarnos quietas. Aun así, la obediencia es el lenguaje del amor verdadero hacia Dios.

No se trata de seguir reglas vacías, sino de responder con fe a la voz del Padre, quien siempre sabe lo que es mejor para nosotras. Como lo expresó Samuel, ¿Se complace el Señor tanto en los holocaustos y los sacrificios como en que obedezcas a la voz del Señor? Ciertamente, obedecer es mejor que el sacrificio (1 Samuel 15:22). Dios no se impresiona con apariencias. Él busca corazones rendidos, dispuestos a escuchar y a seguir Su guía con humildad. La obediencia sincera vale más que cualquier acto externo de devoción. En Deuteronomio leemos que si escuchas atentamente la voz del Señor tu Dios, todas estas bendiciones vendrán sobre ti y te alcanzarán (Deuteronomio 28:1–2). Cuando obedeces, no solo honras a Dios, sino que activas Sus promesas en tu vida.

Él se encarga de los resultados. Jesús mismo lo modeló al decir. "Si guardan Mis mandamientos, permanecen en Mi amor" (Juan 15:10). La obediencia no es solo un acto de verdadera adoración; es un camino hacia la intimidad con Cristo. Nos transforma, nos fortalece y nos conecta con Su corazón. Hoy, decide obedecer, incluso cuando no entiendas. El Señor ve tu fe y honrará tu decisión.

Oración
Padre celestial, gracias por enseñarme la importancia de la obediencia. Perdóname por las veces que he querido seguir mi propio camino en lugar de confiar en Tu dirección. Hoy elijo obedecer Tu voz, sabiendo que Tus planes para mí son mejores que los míos. Ayúdame a seguir Tus caminos con fe y a ver Tu mano moverse poderosamente en mi vida. En el nombre del Señor Jesucristo, Amén.

Día 4: Notas

Fecha: _____

_____

_____

_____

_____

_____

_____

_____

_____

_____

_____

_____

_____

_____

_____

_____

Guarda tu corazón con intención

El corazón es mucho más que un símbolo de emociones. En la Biblia, representa el centro de nuestro ser, el lugar donde nacen nuestros pensamientos, decisiones, deseos y motivaciones. Por eso, no es de sorprender que Dios nos llame a guardarlo con intención, porque lo que sucede en el corazón define la dirección de nuestra vida. Proverbios nos dice con claridad: "Sobre toda cosa guardada, guarda tu corazón, porque de él mana la vida" (Proverbios 4:23).

Este no es un consejo opcional, sino una urgencia espiritual. El enemigo también desea ocupar ese lugar. Quiere llenarlo de miedo, ansiedad, orgullo, amargura, celos y desesperanza, y muchas veces lo hace de forma sutil, a través de distracciones o heridas no sanadas.
Jesús explicó que donde esté tu tesoro, allí estará también tu corazón (Mateo 6:21). Aquello que más valoramos, lo que ocupa nuestra mente y consume nuestro tiempo, es lo que termina moldeando lo profundo del alma. Si nuestras prioridades están fuera de lugar, nuestro corazón inevitablemente se desviará del camino de paz que Dios desea para nosotras. Por eso, el Señor nos da una estrategia clara para protegernos espiritualmente.

Filipenses nos anima a meditar en todo lo que es verdadero, honorable, justo, puro, amable (Filipenses 4:8), porque nuestros pensamientos alimentan el corazón. Necesitamos entrenar la mente para enfocarse en lo que edifica y glorifica a Dios. Solo así encontraremos dirección y paz, incluso en medio del caos.
Hoy, haz una evaluación honesta. ¿Qué estás permitiendo que entre en tu corazón? ¿Qué pensamientos estás alimentando? Guarda tu corazón como el tesoro que es, porque de él fluye la vida o la muerte.

Oración
Padre amado, gracias por recordarme la importancia de guardar mi corazón con intención. Perdóname por las veces que he permitido que pensamientos negativos, amargura o temor afecten mi vida. Hoy elijo proteger mi corazón y enfocar mis pensamientos en lo que es puro, honorable y digno de Ti. Ayúdame a vivir con un corazón limpio y alineado con Tu voluntad. En el nombre del Señor Jesucristo, Amén.

Día 5: Notas

Fecha: _____

_____

_____

_____

_____

_____

_____

_____

_____

_____

_____

_____

_____

_____

_____

Cree, aunque no lo veas

La fe no siempre es fácil, especialmente cuando no vemos resultados inmediatos o cuando nuestras oraciones parecen no tener respuesta. Vivimos en una cultura que valora las evidencias, los resultados visibles y las explicaciones lógicas. Pero el Reino de Dios opera de otra manera: allí, primero creemos... y luego vemos.

Creer en lo invisible es un acto profundo de confianza en el carácter de Dios, no solo en lo que Él puede hacer, sino en quién Él es. Su fidelidad, Su bondad y Su soberanía no cambian, incluso cuando las circunstancias sí lo hacen. "La fe es la certeza de lo que se espera, la convicción de lo que no se ve."(Hebreos 11:1)

La fe no es un deseo optimista, es una certeza espiritual. Una convicción que nace de conocer a Dios íntimamente. Cuando confías en Su Palabra, aunque no entiendas el proceso, tu corazón se llena de paz. "Porque por fe andamos, no por vista." (2 Corintios 5:7)
Creer no significa ignorar la realidad, sino someterla a una verdad más alta: la verdad de que Dios está obrando, aun cuando no lo veas. A veces, Su respuesta no es la que esperamos, pero siempre es la que necesitamos. Allí es donde nuestra fe madura: cuando descansamos en Su voluntad más que en nuestro deseo.
Jesús dijo a Tomás: "Porque me has visto, has creído. Bienaventurados los que no vieron y creyeron." (Juan 20:29)

Hoy, elige creer, aunque no veas. Cree que Dios está actuando, que Su tiempo es perfecto, y que Su promesa no fallará.

Oración
Padre celestial, ayúdame a creer, aunque no vea. Perdóname por las veces que he dudado o he dejado que mis circunstancias me hagan perder la fe. Hoy elijo confiar en Ti y en Tus promesas, sabiendo que lo que no veo con mis ojos naturales lo veré a través de los ojos de la fe. Gracias por estar siempre conmigo, guiando mis pasos. En el nombre del Señor Jesucristo,
Amén.

Día 6: Notas

Fecha: _____

_____

_____

_____

_____

_____

_____

_____

_____

_____

_____

_____

_____

_____

_____

Domina tus emociones

Las emociones son un regalo de Dios, pero no fueron diseñadas para gobernar nuestra vida. Son señales, no conductores. Podemos sentir enojo, tristeza, temor o frustración, pero no debemos permitir que esas emociones tomen el control de nuestras decisiones ni de nuestras acciones. La vida cristiana implica aprender a vivir guiadas por el Espíritu, no por los impulsos del alma. "Como ciudad sin murallas es el hombre que no tiene dominio sobre su espíritu."
 (Proverbios 25:28) Una ciudad sin murallas es vulnerable a cualquier ataque. Así es una persona que no controla sus emociones: reacciona en lugar de responder, se ofende con facilidad, vive en ansiedad o estalla en ira. Pero el Espíritu Santo nos da algo mejor: dominio propio, un fruto visible de una vida rendida. "Pero el fruto del Espíritu es... dominio propio."
 (Gálatas 5:22–23)

El autocontrol no es represión. Es libertad. Es tener el poder de elegir cómo responder. Y una de las áreas donde más lo necesitamos es en el perdón. Ser sensibles a las ofensas nos roba la paz. Jesús nos enseñó a orar por nuestros enemigos, a perdonar setenta veces siete, y a confiar en que Dios es quien pelea nuestras batallas. "Por nada estén afanosos... y la paz de Dios... guardará sus corazones y sus mentes." (Filipenses 4:6–7)Cuando entregamos nuestras emociones al Señor, Su paz toma el lugar del caos. Él no solo calma la tormenta exterior, sino también la interior.
Hoy, elige dominar tus emociones. No dejes que el enojo, la ansiedad o la amargura gobiernen tu vida. Entrega todo a Dios y permite que el Espíritu te guíe con sabiduría y paz.

Oración:
Padre celestial, gracias por darme el poder de dominar mis emociones a través del Espíritu Santo. Perdóname por las veces que he permitido que mis emociones me controlen y me alejen de Tu paz. Hoy elijo someter mis pensamientos y mis sentimientos a Ti. Ayúdame a responder con sabiduría y autocontrol, confiando en que Tú guiarás mi corazón y mi mente en todo momento. También te pido que me des un corazón perdonador y que no me deje llevar por las ofensas.
En el nombre del Señor Jesucristo,
Amén.

Día 7: Notas

Fecha: _____

_____

_____

_____

_____

_____

_____

_____

_____

_____

_____

_____

_____

_____

Comunión y Relaciones

Llénate de Su Palabra cada día

La Palabra de Dios es nuestra fuente de vida, sabiduría y fortaleza. Si deseamos vivir con paz, propósito y dirección, necesitamos sumergirnos diariamente en ella. Jesús nos enseñó que no solo de pan vive el hombre, sino de toda palabra que sale de la boca de Dios (Mateo 4:4). La Biblia no es solo un libro de historias; es la viva y eficaz Palabra de Dios, con poder para transformar nuestras vidas. A través de ella, conocemos Su corazón y carácter.

Salmo 119:105 dice: "Lámpara es a mis pies Tu palabra, y lumbrera a mi camino." La Palabra ilumina nuestro camino cuando todo parece oscuro. Nos da claridad ante decisiones difíciles, nos guía cuando estamos perdidas y nos dirige en tiempos de incertidumbre. Es una lámpara que nos permite avanzar con confianza, sabiendo que seguimos Su voluntad.

Pablo escribió en 2 Timoteo 3:16-17: "Toda la Escritura es inspirada por Dios y útil para enseñar, para redargüir, para corregir, para instruir en justicia..." La Biblia nos enseña, corrige e instruye para vivir conforme a la voluntad de Dios. Es un manual para una vida que le honra, nos edifica y nos prepara para toda buena obra.
Jesús también dijo: "Si ustedes permanecen en Mi palabra... conocerán la verdad, y la verdad los hará libres." (Juan 8:31-32)

La Palabra no solo guía, también libera: de mentiras, confusión y pecado. Nos permite vivir en libertad, conforme a Su verdad.
Hoy, haz de la lectura bíblica una prioridad. Llenarte de Su Palabra te dará paz, dirección y te acercará más al corazón de Dios.

Oración
Padre amado, gracias por darnos Tu Palabra, que es viva, poderosa y fiel. Ayúdame a buscarte cada día a través de ella, a encontrar guía en medio de la confusión y fortaleza en medio del cansancio.
Enséñame a amar las Escrituras, a obedecerlas y a vivir conforme a Tu verdad. Quiero conocerte más y dejar que Tu Palabra transforme mi corazón. En el nombre de Jesucristo,
Amén.

Día 8: Notas

Fecha: _____

_____

_____

_____

_____

_____

_____

_____

_____

_____

_____

_____

_____

_____

_____

Crece en la paciencia

La paciencia es una virtud que suele ponerse a prueba en los momentos difíciles. Vivimos en una cultura de gratificación instantánea, pero Dios desea que cultivemos la paciencia. No se trata solo de esperar con calma, sino de confiar en que Él tiene el control y actúa en el momento perfecto. Santiago 5:7-8 dice: "Por tanto, hermanos, tengan paciencia hasta la venida del Señor. Miren cómo el agricultor espera el precioso fruto... aguardando con paciencia... Ustedes también tengan paciencia, y afirmen sus corazones..."

Como el agricultor espera el fruto, sabiendo que el proceso requiere tiempo, también nuestra vida espiritual necesita paciencia. Dios está obrando en nosotros, aunque no veamos resultados inmediatos. Romanos 12:12 nos recuerda: "Gozosos en la esperanza, sufridos en la tribulación, constantes en la oración." La paciencia se fortalece en la tribulación. Es natural querer soluciones rápidas, pero aprender a esperar en Dios desarrolla carácter, fe y dependencia en Él.

2 Pedro 3:9 dice: "El Señor no tarda en cumplir Su promesa... sino que es paciente... no queriendo que nadie perezca..."
Dios es paciente con nosotros. Su paciencia es un modelo que nos enseña que los tiempos de espera tienen propósito. Él nunca llega tarde. Hoy, elige crecer en la paciencia. En cada momento de espera o dificultad, recuerda que Dios está actuando. La paciencia te prepara, te moldea y te hace más como Cristo.

Oración

Padre celestial, gracias por Tu paciencia hacia mí. Perdóname por las veces que he querido apresurar Tus tiempos y he perdido la paz. Hoy elijo confiar en Ti y ser paciente en los momentos de espera. Ayúdame a recordar que Tú estás en control y que todo lo que haces tiene un propósito perfecto. Te pido que fortalezcas mi paciencia y que me enseñes a esperar con esperanza, sabiendo que Tú nunca llegas tarde. En el nombre del Señor Jesucristo,
Amén.

Día 9: Notas

Fecha: _____

_____

_____

_____

_____

_____

_____

_____

_____

_____

_____

_____

_____

_____

_____

_____

De una sola pieza

La vida cristiana no se trata de acciones separadas, sino de vivir con coherencia y unidad. Dios nos llama a ser personas completas en Él, que vivan conforme a lo que creen y reflejen Su amor en todas las áreas de su vida. Vivir "de una sola pieza" significa ser auténticas, sinceras con nosotras mismas y con los demás, sin separar nuestra fe de nuestras acciones. En 1 Tesalonicenses 5:23-24 leemos:
"Y el mismo Dios de paz los santifique por completo, y todo su ser, espíritu, alma y cuerpo, sea guardado irreprensible para la venida de nuestro Señor Jesucristo. Fiel es el que los llama, el cual también lo hará."

Dios desea santificarnos por completo: espíritu, alma y cuerpo. No podemos vivir una fe parcial, aplicándola solo a lo espiritual y dejando de lado nuestras emociones, pensamientos o decisiones. Todo en nosotras debe reflejar a Cristo.
Santiago 1:8 advierte: "El hombre de doble ánimo es inconstante en todos sus caminos." Cuando nuestras acciones y creencias están alineadas, vivimos con propósito. Pero si hay división en nuestro corazón, somos inestables y perdemos la claridad que Dios quiere darnos.

Colosenses 3:17 dice: "Y todo lo que hagan, sea de palabra o de hecho, háganlo todo en el nombre del Señor Jesús..."
Vivir en coherencia significa que cada palabra y acción refleje a Cristo. No se trata de perfección, sino de rendir cada área de nuestra vida a Él. Hoy, reflexiona: ¿hay áreas en tu vida que no están alineadas con Dios? Pídele que te transforme y te ayude a vivir de una sola pieza, íntegra, firme y transparente delante de Él.

Oración
Padre celestial, gracias por llamarme a vivir una vida coherente y completa en Ti. Perdóname por las veces que he dividido mi vida entre lo que creo y lo que hago. Hoy elijo vivir de una sola pieza, permitiendo que mi vida refleje Tu amor y Tu voluntad en todo momento. Ayúdame a ser sincera conmigo misma y con los demás, y a vivir de acuerdo con Tu verdad en cada área de mi vida. En el nombre del Señor Jesucristo,
Amén.

Día 10: Notas

Fecha: _____

_____

_____

_____

_____

_____

_____

_____

_____

_____

_____

_____

_____

_____

Camina bajo Su gracia

Hay días en los que nuestras fuerzas simplemente no alcanzan. Días en los que el cansancio, la culpa, los errores del pasado o las voces que nos rodean nos hacen sentir inútiles o insuficientes. Pero la gracia de Dios no se basa en lo que tú puedas lograr, sino en lo que Cristo ya logró por ti. El apóstol Pablo escribió que el Señor le dijo: "Te basta Mi gracia, pues Mi poder se perfecciona en la debilidad." Y entonces concluye: "Por tanto, muy gustosamente me gloriaré más bien en mis debilidades, para que el poder de Cristo more en mí" (2 Corintios 12:9).

Caminar bajo Su gracia no es una excusa para conformarnos con una vida mediocre, sino una invitación a vivir en libertad, dependiendo completamente de Su poder. Su gracia no solo nos salva; nos transforma, nos sostiene y nos recuerda que no necesitamos impresionar a Dios, solo rendirnos a Él.
Cuando caminamos bajo Su gracia, dejamos de cargar con un peso que no nos corresponde. Reconocemos que sí, somos débiles, pero es precisamente ahí donde Su poder se perfecciona. Dejamos de compararnos con otras mujeres, dejamos de exigirnos perfección, y empezamos a disfrutar la libertad de ser guiadas por el Espíritu Santo.

Caminar bajo Su gracia también significa aceptar que no todo depende de nosotras. Es descansar en Su fidelidad, confiar en Su guía diaria y recordar que, aunque caigamos, Su gracia nos levanta una y otra vez. Es vivir conscientes de que Su amor no se basa en nuestro rendimiento, sino en Su carácter.
No camines más en tus propias fuerzas. Camina bajo Su gracia, un paso a la vez, confiando en que Él te lleva de la mano.

Oración
Padre, gracias por Tu gracia que no se agota. Perdóname por los días en los que intento hacerlo todo sola. Hoy decido caminar bajo Tu gracia, no por obligación, sino porque sé que en mi debilidad se perfecciona Tu poder. Ayúdame a soltar la culpa, el orgullo y la autosuficiencia. Enséñame a depender completamente de Ti. En el nombre de Jesucristo,
Amén.

Día 11: Notas

Fecha: _____

_____

_____

_____

_____

_____

_____

_____

_____

_____

_____

_____

_____

_____

_____

Aunque lo pierda todo

Job lo perdió todo, pero adoró. En medio de su dolor, declaró con humildad: "Desnudo salí del vientre de mi madre, y desnudo volveré allá. El Señor dio y el Señor quitó; bendito sea el nombre del Señor" (Job 1:21). Los amigos de Daniel enfrentaron el horno de fuego, pero se mantuvieron firmes. Respondieron al rey con una convicción inquebrantable: "Nuestro Dios, a quien servimos, puede librarnos… pero aun si no lo hace, sepa, oh rey, que no serviremos a sus dioses" (Daniel 3:17–18). Ester arriesgó su vida por obedecer el propósito de Dios, y con valentía dijo: "Iré al rey, aunque no sea conforme a la ley; y si perezco, perezco" (Ester 4:16).

En cada una de estas historias hay una fe que no depende del resultado, una confianza que no se quiebra, aunque todo salga mal. Como hijas del Altísimo, debemos aprender a abrazar esta fe inquebrantable. Dios no nos prometió una vida sin pruebas; Su Palabra nos advierte que en este mundo tendremos aflicciones. No se trata de tener fe para obtener lo que queremos, sino de una fe que permanece, aún si no obtenemos nada.

El feminismo tóxico ha intentado sembrar en nosotras la idea de que somos suficientes por nosotras mismas, que podemos con todo, que no necesitamos a nadie. Pero eso no es lo que enseña la Biblia. No fuimos creadas para ser autosuficientes; fuimos creadas para depender de nuestro Creador. Y cuando reconocemos eso, somos verdaderamente libres.

Nuestra fe debe estar puesta en lo eterno, no en lo temporal. Aunque perdamos aquí, hemos ganado lo más valioso: la vida eterna con nuestro Señor.

Oración:
Padre celestial, gracias por mostrarnos, a través de la vida de Job, de Daniel y de Ester, que vale la pena mantenernos firmes aun cuando las cosas no salgan como esperamos. Enséñanos a vivir con un corazón contento, confiando en que tenemos lo más importante: Tu promesa de vida eterna. Líbranos del engaño del feminismo que nos quiere hacer creer que podemos solas. Yo no soy suficiente, y eso está bien, porque tengo a Cristo. A través de Él puedo acercarme a Ti. Que mi fe no dependa del resultado, sino de quién eres Tú. En el nombre de Jesucristo,
Amén.

Día 12: Notas

Fecha: _____

Cree que Dios hará camino

Hay momentos en los que sentimos que no hay salida. La situación parece cerrada por todos lados, como si estuviéramos frente a un mar imposible de cruzar. Pero Dios no necesita que el camino esté abierto para obrar. Él mismo es el que abre caminos. Él mismo es el Camino. Así lo declaró en Isaías: "Así dice el Señor, que abre camino en el mar y sendero en las aguas impetuosas" (Isaías 43:16).

Y no solo lo dijo, lo demostró. Cuando el pueblo de Israel quedó atrapado entre el ejército egipcio y el Mar Rojo, Dios no les pidió una estrategia, solo obediencia. Extendió Su mano y abrió el mar en dos. ¡Lo imposible se volvió camino! Ese mismo Dios es el que te acompaña hoy. Tal vez estás en medio de un desierto, sin saber por dónde avanzar. Tal vez llevas tiempo orando sin ver respuesta, y comienzas a preguntarte si Dios está en silencio o si te ha olvidado.

Pero escucha lo que Él promete: "He aquí, haré algo nuevo... Aún en los desiertos haré camino, y ríos en los lugares desolados." (Isaías 43:19) Dios no está limitado por las circunstancias. Él no necesita condiciones ideales para actuar, solo necesita un corazón que confíe. Aunque tú no lo veas todavía, Él ya está obrando en lo invisible. Aún cuando no entiendas, puedes descansar sabiendo que nada se escapa de Su control.

Cree. No porque todo esté saliendo bien. Cree, porque Él lo dijo. Él cumple lo que promete. Su poder no tiene límites y Su fidelidad no falla. Donde tú ves un final, Dios ve un nuevo comienzo.
Ten fe. Dios hará camino.

Oración
Padre, gracias por ser el Dios que abre camino en medio del mar y hace brotar ríos en el desierto. Ayúdame a confiar cuando no entiendo, a esperar con esperanza y a caminar en obediencia aún cuando no vea la salida. Creo en Tu fidelidad y en Tus promesas. Yo sé que Tú harás camino. En el nombre de Jesucristo,
Amén.

Día 13: Notas

Fecha: _____

_____

_____

_____

_____

_____

_____

_____

_____

_____

_____

_____

_____

_____

_____

Clama con confianza

Dios no se molesta cuando clamas. No se incomoda con tu llanto, tus preguntas o tus momentos de desesperación. Al contrario, Su Palabra nos invita una y otra vez a acudir a Él con libertad y confianza. "Clama a Mí y Yo te responderé, y te comunicaré cosas grandes y ocultas que tú no conoces" (Jeremías 33:3).

Cuando clamas a Dios con confianza, no estás gritando al aire. Estás llamando al Padre que te ama, que te escucha, y que se mueve con compasión a favor de Sus hijas. Él no solo oye, Él responde. Tal vez no lo hace de la forma que esperas ni en el momento que quisieras, pero Su respuesta siempre es perfecta, y Su fidelidad nunca falla.

A veces nos cuesta clamar porque nos sentimos culpables, indignas o porque pensamos que ya hemos orado "demasiado". Pero nuestro Dios no es como nosotros. Él es paciente, lento para la ira, y grande en misericordia. No te canses de clamar. No dejes de hablarle. No te guardes lo que te duele.

Hebreos 4:16 nos recuerda: "Acerquémonos, pues, con confianza al trono de la gracia para que recibamos misericordia, y hallemos gracia para la ayuda oportuna." Puedes acercarte con seguridad. No por lo que tú eres, sino por lo que Cristo hizo por ti. Tienes acceso directo al trono del Rey. ¿Por qué callar cuando puedes clamar?

Oración

Padre, gracias por escucharme cada vez que clamo a Ti. Perdóname cuando dudo o cuando me alejo por miedo o culpa. Hoy me acerco con confianza, no por mis méritos, sino por la obra de Cristo. Derramo mi corazón delante de Ti, confiando en que Tú me ves, me oyes y responderás conforme a Tu perfecta voluntad. En el nombre de Jesucristo,
Amén.

Día 14: Notas

Fecha: _____

_____

_____

_____

_____

_____

_____

_____

_____

_____

_____

_____

_____

_____

_____

Fortaleza Espiritual

Ríndete a la transformación de Su Palabra

Leer la Biblia no es solo una práctica espiritual. Es una transformación constante. La Palabra de Dios no fue escrita para informarte, sino para formarte. Cuando abres la Escritura con un corazón dispuesto, no seguirás igual. "Porque la palabra de Dios es viva y eficaz, y más cortante que cualquier espada de dos filos..." (Hebreos 4:12).

Ella penetra, sana, corrige y renueva. No es letra muerta, es voz viva. Pero para que esa transformación ocurra, no basta con leer por rutina o por obligación. Necesitamos acercarnos con humildad, reconociendo que hay áreas de nuestra vida que necesitan ser alineadas con la voluntad de Dios. Su Palabra es el espejo que revela quiénes somos, pero también la herramienta que nos moldea conforme a Cristo.

A veces, esa confrontación puede doler. Porque la verdad, cuando ilumina la oscuridad, incomoda. Pero no hay crecimiento sin incomodidad. No hay madurez sin corrección. Por eso Pablo escribió: "Toda Escritura es inspirada por Dios y útil para enseñar, para reprender, para corregir, para instruir en justicia" (2 Timoteo 3:16).

Permitir que Su Palabra te transforme es rendir tu corazón a diario. Es tener una actitud enseñable, dejando que Dios trate las áreas más profundas del carácter. Es decirle: "Señor, no quiero leer solo para saber más de Ti, quiero leer para parecerme más a Ti."

Que cada versículo sea una semilla de cambio. Que cada lectura sea una conversación con Aquel que te ama lo suficiente como para no dejarte igual. Y que Su Palabra encuentre en ti tierra fértil donde dar fruto para Su gloria.

Oración

Padre, gracias por Tu Palabra viva, santa y poderosa. Hoy me rindo ante ella. Quiero ser transformada desde lo profundo de mi ser. Quita de mí lo que no te agrada, corrige lo que está torcido y siembra en mí una pasión por Tu verdad. Háblame mientras leo, y ayúdame a obedecer lo que me muestras. En el nombre de Jesucristo, Amén.

Día 15: Notas

Fecha: _____

_____

_____

_____

_____

_____

_____

_____

_____

_____

_____

_____

_____

_____

_____

Descansa sin culpa en Su presencia

Vivimos en una cultura que aplaude la productividad constante, donde detenerse se asocia con flojera o falta de compromiso. Pero Dios no te diseñó para vivir agotada. Él te llama a descansar, no solo físicamente, sino espiritual y emocionalmente. "Vengan a Mí, todos los que están cansados y cargados, y Yo los haré descansar" (Mateo 11:28).

El verdadero descanso se encuentra en Su presencia. No es inactividad, es intimidad. Es permitir que el alma respire, que el corazón se alinee con el ritmo de Dios y que la mente se libere del ruido del mundo. A veces, incluso cuando descansamos, lo hacemos con culpa, como si parar fuera una señal de debilidad o irresponsabilidad. Pero descansar también es obedecer.

Necesitamos cuidar nuestro cuerpo. Dormir bien, alimentarnos con sabiduría y aprender a decir "no" cuando sea necesario, también es parte de una vida rendida a Él. Incluso quienes sirven en el ministerio deben apartar tiempos de renovación para no agotarse emocional ni espiritualmente. Dios no te ama por lo que haces, sino por quién eres en Cristo. Él no te mide por tu productividad, sino por tu obediencia. Y parte de esa obediencia es aprender a detenerte y decir: "Hoy no puedo con todo, pero Tú sí puedes."

El descanso es una forma de rendición. Es reconocer que lo necesitamos, y que sin Él no podemos hacer nada.
Así como Jesús se apartaba para estar con el Padre, tú también necesitas esos momentos. No para hacer más, sino para recordar que tu valor está en Aquel a quien perteneces.

Oración
Padre, gracias por recordarme que descansar también es obedecer. Ayúdame a soltar la culpa, a cuidar mi cuerpo y mi alma, y a tomar tiempo contigo sin distracciones. Enséñame a establecer pausas, disfrutar con mi familia y vivir con equilibrio. En el nombre de Jesucristo,
Amén.

Día 16: Notas

Fecha: _____

_____

_____

_____

_____

_____

_____

_____

_____

_____

_____

_____

_____

_____

_____

_____

_____

Tu historia tiene un propósito eterno

Nada en tu vida ha sido en vano. No hay detalle, herida, fracaso o etapa que Dios no pueda usar para cumplir Su propósito eterno en ti. Aún lo que parecía pérdida, desvío o vergüenza, está siendo tejido en el plan perfecto de Aquel que ve más allá del presente. "Y sabemos que para los que aman a Dios, todas las cosas ayudan para bien" (Romanos 8:28).

Quizás tu historia no comenzó bien. Tal vez hubo abandono, abuso, pecado o decisiones que desearías poder borrar. Pero cuando entregas tu vida a Cristo, tu pasado no queda simplemente atrás... queda redimido. Él no solo te perdona, sino que le da propósito a lo que parecía arruinado. Transforma tu historia en un testimonio vivo de Su gracia.

Dios no está buscando mujeres con historias perfectas. Él busca corazones rendidos, dispuestos a dejar que Su luz brille incluso en los capítulos más oscuros. "Lo necio del mundo escogió Dios para avergonzar a los sabios..." (1 Corintios 1:27).
Lo que el enemigo quiso usar para destruirte, Dios puede usarlo para edificar, sanar y levantar a otras. Cada capítulo, aún los más difíciles, puede convertirse en una evidencia del poder de Dios actuando en tu vida.

Tu historia importa. No la escondas. No te avergüences de lo que Dios ya ha perdonado. Hay alguien allá afuera que necesita saber que no está sola, que hay esperanza, y que si Dios lo hizo contigo, también lo puede hacer con ella.

Oración
Padre, gracias por recordarme que mi historia tiene valor en Tus manos. Aunque hay partes que duelen, sé que Tú puedes usarlas para bendecir, sanar y mostrar Tu poder. Hoy te entrego cada capítulo de mi vida, confiando en que nada se desperdicia cuando está en Tus manos. Redime mi pasado, úsalo para Tu gloria, y hazme una voz de esperanza para otras. En el nombre de Jesucristo, Amén.

Día 17: Notas

Fecha: _____

_____

_____

_____

_____

_____

_____

_____

_____

_____

_____

_____

_____

_____

Practica la humildad todos los días

La humildad no es debilidad, es fuerza bajo control. Es el corazón que reconoce su necesidad de Dios cada día. No se trata de pensar menos de ti, sino de pensar menos en ti. De vivir conscientes de que todo lo que somos, tenemos y logramos viene de Él.

La humildad se practica. No es un sentimiento, es una decisión diaria. Es elegir servir sin esperar reconocimiento. Es pedir perdón cuando te equivocas. Es ceder cuando podrías exigir. Es valorar a los demás por encima de ti misma, tal como lo hizo Cristo. "Tengan en ustedes esta actitud que hubo también en Cristo Jesús… que se despojó a sí mismo tomando forma de siervo" (Filipenses 2:5,7).

La humildad no se impone, se cultiva. Nace en la intimidad con Dios, cuando entendemos que sin Él no podemos nada. Una mujer humilde no necesita demostrar su valor porque sabe a quién pertenece. Su identidad está firmemente arraigada en Cristo.

En un mundo que promueve el orgullo, la autosuficiencia y el "hazlo a tu manera", vivir con humildad es un acto radical de obediencia. Pero Dios exalta al humilde. Lo guía, lo protege y lo transforma.
"Dios resiste a los soberbios, pero da gracia a los humildes"
(Santiago 4:6).

Humildad también es aceptar que necesitas ayuda. Que no tienes todas las respuestas. Que dependes de Su gracia para cada paso. Cuando caminas en humildad, tu corazón se vuelve más sensible, tu carácter se fortalece y tu vida empieza a reflejar a Cristo de forma más profunda. Y cuanto más te pareces a Cristo, más fácil es vivir en humildad… porque ves Su grandeza y, al mismo tiempo, Su ternura. Practica la humildad todos los días. No para ser vista, sino para ser transformada.

Oración
Padre, enséñame a vivir con un corazón humilde. Líbrame del orgullo disfrazado de autosuficiencia. Ayúdame a depender de Ti, a valorar a los demás y a servir con alegría. Que cada día el mundo vea menos de mí y más de Cristo en mí. En el nombre de Jesucristo,
Amén.

Día 18: Notas

Fecha: _____

_____

_____

_____

_____

_____

_____

_____

_____

_____

_____

_____

_____

_____

Cultiva un corazón agradecido

La gratitud no nace de tenerlo todo, sino de reconocer que todo lo que tenemos es por gracia. Un corazón agradecido no es aquel que vive sin problemas, sino el que ha aprendido a ver la fidelidad de Dios incluso en medio de ellos. "Den gracias en todo, porque esta es la voluntad de Dios para ustedes en Cristo Jesús" (1 Tesalonicenses 5:18).

Ser agradecida no significa ignorar el dolor ni fingir que todo está bien. Es elegir enfocarte en lo que Dios ha hecho, está haciendo y hará, en lugar de quedarte atrapada en lo que aún no ves. "Bendice, alma mía, al Señor, y no olvides ninguno de Sus beneficios" (Salmo 103:2).

La gratitud transforma. Cambia quejas en alabanzas, preocupaciones en oraciones y escasez en confianza. Nos enseña a valorar lo que ya está presente y a vivir con una perspectiva eterna. "Entren por Sus puertas con acción de gracias, y a Sus atrios con alabanza. Denle gracias, bendigan Su nombre" (Salmo 100:4). Un corazón agradecido se fortalece. La queja pierde poder.

La comparación se debilita. Y en lugar de vivir desde la carencia, comienzas a vivir desde la abundancia de Su amor. La gratitud no espera circunstancias perfectas. Encuentra razones en lo eterno. "Estén siempre gozosos. Oren sin cesar. Den gracias en todo" (1 Tesalonicenses 5:16–18).

Es una disciplina espiritual. Se cultiva con verdad, oración y decisión diaria. Y cuando lo haces, el gozo empieza a florecer. No por lo que tienes, sino por a quién tienes. Porque en Cristo lo tienes todo.

Oración
Padre, hoy decido agradecer. No porque todo sea perfecto, sino porque Tú eres bueno. Abre mis ojos para ver Tu fidelidad en lo cotidiano. Líbrame de la queja y enséñame a vivir con un corazón lleno de gratitud, confiando en que Tu amor me sostiene en todo momento. En el nombre de Jesucristo,
Amén.

Día 19: Notas

Fecha: _____

_____

_____

_____

_____

_____

_____

_____

_____

_____

_____

_____

_____

_____

_____

Recuerda quién pelea por ti

Cuando las batallas de la vida se intensifican, es fácil caer en la tentación de pelear con nuestras propias fuerzas. Nos agotamos, nos frustramos, y muchas veces terminamos vencidas antes de tiempo. Pero hay una verdad que debemos recordar todos los días: no estamos solas en la batalla. "El Señor peleará por ustedes mientras ustedes se quedan callados" (Éxodo 14:14).

El enemigo quiere que creas que estás abandonada, que no tienes defensa, que todo depende de ti. Pero nuestra victoria no está en nuestras estrategias, sino en nuestra dependencia. No se trata de tener todo bajo control, sino de rendir el control al Único que nunca pierde. Cuando reconoces tu debilidad y entregas el timón a Dios, Él se manifiesta con poder. Él no es un espectador de tus luchas. Es tu defensor, tu escudo y tu fuerza.

A lo largo de la historia bíblica, Dios ha mostrado que Él pelea por Su pueblo. No porque lo merezcan, sino porque Él es fiel. Peleó por Israel, por David, por Ester, por tantos que se atrevieron a confiar. Y hoy, Él sigue peleando por ti. Por tu hogar, tu corazón, tus hijos, tu propósito. Él va delante de ti como poderoso gigante.

"No temas ni te acobardes... porque el Señor tu Dios es el que va contigo. No te dejará ni te desamparará" (Deuteronomio 31:6). Rendirte no es rendirte a la derrota, es rendirte a Su poder. No pelees sola. Deja que Dios pelee por ti. Toma tu posición en oración, en obediencia, en fe... y mira cómo Él actúa a tu favor.

Oración
Padre, gracias porque no estoy sola en mis batallas. Hoy suelto el control y me rindo a Tu poder. Pelea por mí, Señor. Pelea por mi casa, por mi corazón, por todo aquello que me sobrepasa. Enséñame a confiar en que Tú vas delante de mí y que nunca me dejarás. En el nombre de Jesucristo,
Amén.

Día 20: Notas

Fecha: _____

_____

_____

_____

_____

_____

_____

_____

_____

_____

_____

_____

_____

_____

Fortalece tu alma con el gozo del Señor

Hay días en los que la fuerza emocional y espiritual parece agotarse por completo. Las preocupaciones, las malas noticias, el cansancio físico y la rutina pueden drenar hasta la última gota de ánimo. Pero Dios nos dejó una fuente inagotable de renovación:
"El gozo del Señor es mi fortaleza" (Nehemías 8:10).

Este gozo no depende de circunstancias favorables ni de emociones pasajeras. Es una certeza profunda de que Dios está contigo, de que tu vida está en Sus manos y de que Su propósito se cumplirá, aunque ahora no veas el camino. El gozo del Señor no es una sonrisa forzada ni una emoción superficial. Es una actitud firme del corazón que dice: "Él sigue siendo bueno, y eso me basta."

Fortalecer tu alma con el gozo del Señor es decidir mirar más allá del momento presente y descansar en la fidelidad de Dios. Es adorar aún con lágrimas. Es agradecer aún sin respuestas. Es declarar victoria en medio del proceso. "Aunque la higuera no florezca... con todo, yo me alegraré en el Señor" (Habacuc 3:17–18).

Este tipo de gozo nace de la intimidad con Dios, de conocerlo, de confiar en que Él es soberano incluso cuando todo a tu alrededor parece incierto. No es negación del dolor, es recordar que el dolor no tiene la última palabra.

No busques fuerza en ti misma. Busca el gozo que viene de saber quién es tu Dios. Ríe, canta, adora, descansa en Él. Alimenta tu alma con esperanza viva. Y verás cómo, incluso en los días más grises, hay una fuerza nueva naciendo desde lo alto.

Oración
Señor, gracias por recordarme que mi fuerza no viene de mí, sino de Ti. Hoy decido alegrarme en Tu fidelidad. Aunque las cosas no salgan como espero, me gozo en Tu presencia. Llena mi alma de ese gozo que renueva, que levanta y que fortalece. En el nombre de Jesucristo, Amén.

Día 21: Notas

Fecha: _____

_____

_____

_____

_____

_____

_____

_____

_____

_____

_____

_____

_____

_____

Restauración Interior

Confía en el tiempo perfecto de Dios

Esperar puede ser uno de los desafíos más grandes de la vida cristiana. Queremos respuestas ahora, soluciones inmediatas, puertas abiertas sin demora. Pero Dios no se mueve según nuestro reloj. Él opera en el tiempo perfecto, y confiar en eso es un acto profundo de fe. "Todo lo hizo hermoso en su tiempo" (Eclesiastés 3:11).

A veces parece que Dios tarda. Pero en realidad, Él nunca llega tarde. Mientras tú esperas, Él está obrando en áreas que no puedes ver. Está preparando tu corazón, moldeando tu carácter, y alineando las circunstancias para que Su voluntad se cumpla a la manera correcta y en el momento justo. Confiar en Su tiempo es rendir tu necesidad de control. Es decir: "Señor, no entiendo el cuándo, pero confío en el quién." Porque el Dios que prometió es fiel, y Su agenda no está sujeta a la presión del mundo ni a nuestras emociones.

El proceso de esperar también revela lo que hay en nuestro corazón. Nos enseña a depender, a orar más, a escuchar mejor. Dios no usa el tiempo para castigar, sino para preparar. A veces, lo que pedimos no llega todavía porque nuestro corazón aún no está listo para sostener lo que Él quiere entregar.

Recordar la fidelidad pasada de Dios te ayudará a esperar con esperanza activa. Él no ha fallado antes y no fallará ahora. "El Señor no se tarda en cumplir su promesa, como algunos entienden la tardanza, sino que es paciente" (2 Pedro 3:9). Su paciencia no es olvido; es amor.

Descansa. No estás perdiendo tiempo. Estás siendo preparada. Y cuando llegue el momento de Dios, lo sabrás... y todo encajará.

Oración
Señor, ayúdame a confiar en Tu tiempo perfecto. A veces me impaciento, pero hoy decido esperar con fe. Fortalece mi corazón mientras espero, y no permitas que la ansiedad me robe la paz. Tú sabes lo que es mejor, y yo confío en Ti. En el nombre de Jesucristo, Amén.

Día 22: Notas

Fecha: _____

_____

_____

_____

_____

_____

_____

_____

_____

_____

_____

_____

_____

_____

_____

_____

Haz todo con amor, incluso lo difícil

Amar no siempre es fácil. De hecho, a veces es lo más difícil que se nos pide. Amar cuando te han herido, cuando no hay reconocimiento, cuando estás agotada o cuando la situación parece injusta. Pero si queremos parecernos a Cristo, el amor no es una opción, es el camino. "Que todo lo que hagan sea con amor"
(1 Corintios 16:14).

El verdadero amor no depende de emociones. Es una decisión consciente, una actitud del corazón que dice: "Lo hago por el Señor." Cuando amas en lo cotidiano, al servir, al corregir, al perdonar, al hablar, estás reflejando el carácter de Dios, quien nos amó primero y nos ama sin condiciones.

Incluso en lo más difícil, puedes elegir actuar con amor. Eso no significa permitir abusos o callar ante lo injusto. A veces, amar también implica poner límites. Proteger tu corazón y tu bienestar no es egoísmo, es obediencia. En ciertos casos, es necesario tomar distancia de personas que te maltratan o abusan de ti. Esa distancia puede ser temporal, mientras Dios sana y restaura, o puede ser definitiva y necesaria. Pero siempre debe hacerse sin rencor y guardando el corazón de no pecar. Poner distancia sin odio también es un acto de amor.

"El amor es paciente, es bondadoso... no busca lo suyo, no se irrita, no toma en cuenta el mal recibido" (1 Corintios 13:4–5). Ese amor es posible cuando dejamos que Dios lo produzca en nosotras. Cuando haces todo con amor, tus tareas diarias se convierten en actos de adoración. Tus conversaciones sanan, tus decisiones bendicen, y tus acciones siembran eternidad. Porque nada de lo que se hace con amor en el nombre del Señor es en vano.

Oración
Señor, ayúdame a hacer todo con amor, aún cuando me cueste. Líbrame del orgullo, la dureza o la indiferencia. Enséñame a amar como Tú amas, con paciencia, bondad y verdad. Y si necesito poner límites, que lo haga con sabiduría, sin rencor, y con el corazón firme en Ti. En el nombre de Jesucristo,
Amén.

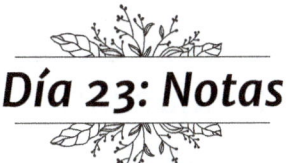

Día 23: Notas

Fecha: _____

_____

_____

_____

_____

_____

_____

_____

_____

_____

_____

_____

_____

_____

Adora, aunque no entiendas

Hay momentos en los que simplemente no entendemos. Las oraciones no son respondidas como esperábamos, las puertas se cierran, el sufrimiento llega sin explicación, y el cielo parece guardar silencio. En esos momentos, la fe madura aprende a adorar. No por lo que ve, sino por quien Dios es. "Entonces Job se levantó... se postró en tierra y adoró" (Job 1:20).

Adorar cuando todo está bien es hermoso, pero adorar cuando todo duele es profundo. Es el tipo de adoración que toca el corazón de Dios. Es la alabanza que nace desde la rendición total, desde un alma que ha decidido confiar incluso sin comprender. Es el tipo de fe que no necesita explicaciones para mantenerse firme, porque ha aprendido que la presencia de Dios es suficiente.

Dios no nos debe explicaciones. Pero sí nos da Su presencia. Él no siempre revela el "por qué", pero siempre nos ofrece el "para qué": para formarnos, para mostrarnos Su fidelidad, para que Su poder se perfeccione en nuestra debilidad. Cuando adoramos en medio de la confusión, nuestra alma se alinea con Su voluntad y nuestra mirada se eleva por encima de las circunstancias.

"Aunque la higuera no florezca... con todo, yo me alegraré en el Señor" (Habacuc 3:17–18). Esa es la decisión del corazón rendido. Una fe que no condiciona su adoración al resultado, sino que encuentra en Dios mismo la razón para seguir cantando.

Hoy, tal vez no entiendas lo que estás viviendo. Pero aún así, adora. Porque Él sigue siendo digno. Porque Él no ha cambiado. Porque en medio de tu dolor, Su amor permanece firme. Y donde hay adoración, está Su presencia.

Oración

Señor, hoy decido adorarte, aunque no entienda. Aunque mis planes no salgan como esperaba, mi corazón se rinde a Ti. Tú eres digno de alabanza en todo tiempo. Llena mi alma de fe, y recuérdame que Tu presencia es suficiente. En el nombre de Jesucristo,
Amén.

Día 24: Notas

Fecha: _____

_____

_____

_____

_____

_____

_____

_____

_____

_____

_____

_____

_____

_____

_____

_____

_____

Espera con esperanza activa

Esperar en Dios no significa quedarte inmóvil. La esperanza bíblica no es pasiva, es viva. Es una expectativa firme basada en la fidelidad de un Dios que no miente. Mientras esperas Su respuesta, puedes seguir sembrando, adorando, sirviendo y creciendo. "Bueno es el Señor con los que en Él esperan, con el alma que Le busca" (Lamentaciones 3:25).

Muchas veces asociamos la espera con inacción, pero en el Reino de Dios, esperar es parte del entrenamiento. Es en ese proceso donde se fortalecen la fe, la paciencia y la obediencia. David fue ungido como rey, pero esperó años antes de tomar el trono. Durante ese tiempo, no se cruzó de brazos. Siguió luchando, sirviendo y honrando a Dios. "Espera en el Señor; esfuérzate y aliéntese tu corazón. Sí, espera en el Señor" (Salmo 27:14).

La esperanza activa no se alimenta de lo que ve, sino de lo que cree. Es esa actitud del corazón que dice: "No tengo la respuesta todavía, pero seguiré caminando por fe." Puedes estudiar, preparar tu corazón, mejorar tus hábitos, seguir sirviendo en lo pequeño y orar con perseverancia, sabiendo que Dios también está obrando en lo invisible. "Pero si esperamos lo que no vemos, con paciencia lo aguardamos" (Romanos 8:25).

Esperar no es resignarse. Es confiar. Es moverse con fe aun sin ver resultados inmediatos. Es sembrar con lágrimas hoy, creyendo que vendrá la cosecha en su tiempo perfecto. Es permitir que Dios te moldee en el proceso, sabiendo que cada día de espera tiene un propósito eterno.

No pierdas el tiempo deseando que la espera termine. Usa este tiempo para crecer. La espera con propósito produce frutos duraderos. Y cuando la promesa llegue, tendrás un corazón listo para recibirla.

Oración

Señor, gracias por enseñarme que la espera no es pérdida de tiempo. Quiero esperar en Ti con un corazón firme y una esperanza viva. Muéstrame qué pasos dar mientras espero, y ayúdame a confiar en que Tu obra sigue avanzando, aun cuando yo no la vea. En el nombre de Jesucristo,
Amén.

Día 25: Notas

Fecha: _____

_____

_____

_____

_____

_____

_____

_____

_____

_____

_____

_____

_____

_____

_____

_____

Sé valiente, defiende tu fe

La fe verdadera no siempre será popular. Vivimos en un mundo que celebra lo que Dios llama pecado, y que rechaza lo que Él llama santo. Defender la fe hoy puede significar ser señalada, ridiculizada o incluso excluida. Pero el llamado del Señor sigue firme: "Esfuérzate y sé valiente... No temas ni te acobardes, porque el Señor tu Dios estará contigo dondequiera que vayas" (Josué 1:9).

No estamos llamadas a vivir una fe cómoda, sino una fe valiente. Cuando eliges vivir conforme a la Palabra de Dios, estás levantando una antorcha en medio de la oscuridad. Tal vez no todos lo entiendan, pero Dios honra a quienes lo honran. En tiempos como estos, necesitamos mujeres que se levanten con valor, que no se avergüencen del evangelio, porque "es poder de Dios para la salvación de todo aquel que cree" (Romanos 1:16).

Defender tu fe no siempre requiere palabras; muchas veces se trata de decisiones diarias: lo que ves, lo que compartes, cómo respondes, y hasta con quién decides caminar. La valentía bíblica no nace del orgullo, sino de la humildad de quien sabe en quién ha confiado. Como escribió el apóstol Pablo: "¿Acaso busco ahora el favor de los hombres o el de Dios? ¿O me esfuerzo por agradar a los hombres? Si yo todavía estuviera tratando de agradar a los hombres, no sería siervo de Cristo" (Gálatas 1:10).

Sé valiente. Aunque tiemble tu voz, habla la verdad. Aunque no recibas aplausos, vive con integridad. Aunque duela, permanece firme. Dios no solo ve tu lucha, sino que pelea contigo. Y cuando defiendes tu fe con amor y convicción, Él te fortalece, te restaura y te usa para Su gloria.

Oración

Padre, gracias por darme una fe que vale la pena defender. Ayúdame a ser valiente, a no callar lo que creo por temor al rechazo. Que Tu Espíritu Santo me llene de poder, amor y dominio propio para vivir con integridad y hablar con verdad. Quiero honrarte con mis decisiones, con mis palabras y con mi vida. Fortaléceme cuando me sienta sola, y recuérdame que Tú estás conmigo. En el nombre de Jesucristo, Amén.

Día 26: Notas

Fecha: _____

_____

_____

_____

_____

_____

_____

_____

_____

_____

_____

_____

_____

_____

Renueva tu mente con la verdad

Los pensamientos que albergamos tienen poder. Pueden impulsarnos hacia la libertad o mantenernos atadas en temor, culpa o confusión. Por eso, la Biblia nos llama a renovar nuestra mente, no con frases motivacionales, sino con la verdad de Dios. "No se conformen a este mundo, sino transfórmense mediante la renovación de su mente, para que verifiquen cuál es la voluntad de Dios: lo que es bueno, aceptable y perfecto" (Romanos 12:2).

Restaurar el corazón empieza por transformar la forma en que pensamos. Muchas veces repetimos mentiras en silencio. Pensamientos como: "Nunca voy a cambiar", "Esto es demasiado para mí", o "No tengo lo que se necesita". Pero la verdad es que por nosotras mismas no podemos, y eso está bien, porque no fuimos creadas para llevar las cargas solas, sino que a través de Cristo es que se encuentra nuestro poder.

Todo lo podemos en Cristo que nos fortalece (Filipenses 4:13). El Señor nos llama a derribar todo pensamiento derrotista que no viene de Él. "Derribando argumentos y toda altivez que se levanta contra el conocimiento de Dios, y llevando cautivo todo pensamiento a la obediencia de Cristo" (2 Corintios 10:5).

Renovar la mente requiere intención. No es un acto automático, es una práctica diaria. Cada vez que eliges creer lo que Dios dice de ti, estás tomando el control espiritual de tu vida. No importa cuántas veces hayas fallado. Lo que importa es lo que Él dice de ti: que eres perdonada, escogida, amada y capacitada para caminar en libertad. Tu restauración interior no vendrá por tus fuerzas, sino por la verdad que siembras en tu mente. Llénate de la Palabra. Rodéate de verdad. Y cuando venga la duda, respóndele con fe.

Oración
*Padre, gracias por regalarme Tu Palabra, que limpia, restaura y transforma. Ayúdame a renovar mi mente con Tu verdad, a derribar pensamientos que no vienen de Ti y a abrazar lo que Tú dices sobre mí. Que cada día pueda pensar como Cristo y caminar en obediencia a Tu voluntad. En el nombre de Jesucristo,
Amén.*

Día 27: Notas

Fecha: _____

_____

_____

_____

_____

_____

_____

_____

_____

_____

_____

_____

_____

_____

_____

_____

Vive en santidad intencionalmente

La santidad no es un estándar inalcanzable reservado para unos pocos. Es un llamado para todas nosotras, y comienza con una decisión intencional de vivir para Dios. "Como Aquel que los llamó es santo, así también sean ustedes santos en toda su manera de vivir" (1 Pedro 1:15). Vivir en santidad no significa ser perfectas, sino vivir apartadas para el Señor. Es reconocer que fuimos compradas por precio y que nuestra vida ya no nos pertenece. "Porque han sido comprados por un precio; por tanto, glorifiquen a Dios en su cuerpo" (1 Corintios 6:20).

La santidad empieza en el corazón, pero no se queda allí. Se refleja en nuestras decisiones, nuestras palabras, nuestras prioridades y hasta en lo que consumimos, compartimos y toleramos.
El mundo te dirá que sigas tu corazón. La Palabra te llama a negarte a ti misma y seguir a Cristo. No es fácil, pero sí es posible cuando te rindes completamente a Él.

"Puesto que tenemos tales promesas, amados, limpiémonos de toda inmundicia de la carne y del espíritu, perfeccionando la santidad en el temor de Dios" (2 Corintios 7:1). Vivir en santidad requiere intención. No sucede por inercia. Es decirle sí a Dios cada día y no a lo que contamina el alma. Es cuidar lo que escuchas, lo que permites en tu mente, y a quién dejas hablar sobre tu identidad. Ser santa no es vivir con miedo a pecar, sino con pasión por agradar a Aquel que te rescató.

Y aunque caigas, Su gracia está disponible para levantarte, corregirte y seguir formándote a la imagen de Su Hijo. Restauración interior es también esto: vivir con un corazón limpio, sensible a Su voz, dispuesto a obedecer y a perseverar.

Oración
Padre, gracias por llamarme a una vida santa. Ayúdame a vivir cada día intencionalmente para Ti, a reconocer que fui comprada por precio y que mi cuerpo, mente y corazón te pertenecen. Límpiame con Tu Palabra y ayúdame a crecer en santidad, no por apariencia, sino por amor y reverencia a Ti. En el nombre de Jesucristo, Amén.

Día 28: Notas

Fecha: _____

_____

_____

_____

_____

_____

_____

_____

_____

_____

_____

_____

_____

_____

_____

Formación Espiritual

Abraza el silencio como entrenamiento espiritual

Vivimos en un mundo saturado de ruido. Opiniones, notificaciones, conversaciones... todo compite por nuestra atención. Pero Dios no compite con el ruido. Él habla en el silbido apacible, en ese espacio que a veces evitamos porque nos confronta con lo que realmente somos y con lo que Él quiere decirnos.

El silencio no es ausencia de Dios; es el campo de entrenamiento donde aprendemos a reconocer Su voz. Jesús mismo buscaba lugares apartados para orar y estar en comunión con el Padre (Lucas 5:16). Si el Hijo de Dios necesitaba silencio, ¿cuánto más nosotras?
Nuestra mente se resiste al silencio: se inquieta, se distrae, se agita. Por eso, necesitamos estrategias para enfocarnos solo en Dios.

Una forma efectiva es orar en voz alta. Escuchar nuestras propias palabras involucra nuestros sentidos y dirige el corazón. Otra manera es escribir nuestras oraciones como cartas al Señor. Al escribir, abrimos el alma con más honestidad. Y en todo momento, llevamos cautivo todo pensamiento a la obediencia de Cristo (2 Corintios 10:5).
El alma necesita silencio para alinearse con el cielo. Al principio puede parecer incómodo. Sentirás la urgencia de hacer algo. Pero si perseveras, comenzarás a escuchar lo que antes no podías: no solo la dirección de Dios, sino también la sanidad que Él quiere traer.
"Pero tú, cuando ores, entra en tu aposento... ora a tu Padre que está en secreto, y tu Padre que ve en lo secreto te recompensará" (Mateo 6:6). Haz del silencio una disciplina. No como una carga, sino como una cita sagrada. Apaga el ruido, cierra la puerta, y abre tu corazón. Allí, en lo secreto, Dios te espera.

Oración
Padre, enséñame a abrazar el silencio como un regalo tuyo. Ayúdame a dejar de temerle a lo quieto, a lo simple, a lo escondido. Que en los momentos de silencio yo no escuche mi ansiedad, sino Tu voz. Hazme una mujer que no solo ora, sino que también escucha con reverencia. Ayúdame a tomar el control de mis pensamientos, a someterlos a la obediencia de Cristo y a crear hábitos que me acerquen más a Ti. Quiero buscarte con intención, escucharte con atención y rendirme a Tu guía con humildad.
En el nombre de Jesucristo,
Amén.

Día 29: Notas

Fecha: _____

_____

_____

_____

_____

_____

_____

_____

_____

_____

_____

_____

_____

_____

_____

_____

Comparte tu testimonio sin miedo

Tu historia importa. No porque sea perfecta, sino porque en medio de ella está el poder de Dios. Cada lágrima, cada caída, cada restauración lleva la marca del amor de Cristo. Tu testimonio no es solo un recuerdo del pasado; es una herramienta viva que el Señor quiere usar para liberar a otros.

El enemigo querrá hacerte creer que tu historia es irrelevante, vergonzosa o demasiado simple. Pero Dios dice lo contrario. En Su Reino, lo que ha sido sanado se convierte en sanador. Lo que parecía roto, Él lo usa para edificar. Y lo que fue una herida, se transforma en una puerta abierta para ministrar.

No necesitas haber vivido algo "espectacular" para tener un testimonio poderoso. Si has pasado de muerte a vida, si Jesús te encontró y te rescató, entonces tienes una historia que vale la pena contar. Y hay alguien esperando escucharla.
"Y ellos lo vencieron por medio de la sangre del Cordero y de la palabra del testimonio de ellos; y no amaron sus vidas, llegando hasta sufrir la muerte."(Apocalipsis 12:11)

Comparte lo que Dios ha hecho en ti. Hazlo con humildad, pero con convicción. No necesitas tener las palabras perfectas, solo necesitas obedecer. Tal vez no verás el fruto de inmediato, pero tu testimonio puede ser la semilla que alguien más necesita para correr a los brazos del Padre.

El silencio puede parecer más seguro, pero la obediencia trae libertad. El miedo no puede callar lo que el amor de Dios ha transformado.

Oración
Señor, dame valentía para compartir lo que has hecho en mi vida. Rompe el temor, la vergüenza y toda inseguridad que quiere callarme. Ayúdame a hablar con gracia, con verdad y con compasión, sabiendo que mi historia puede ser usada por Ti para tocar corazones. Que nunca olvide el milagro que hiciste en mí, y que siempre esté lista para dar testimonio de Tu fidelidad. En el nombre de Jesucristo, Amén.

Día 30: Notas

Fecha: _____

_____

_____

_____

_____

_____

_____

_____

_____

_____

_____

_____

_____

_____

_____

Activa una fe que mueve montañas

La fe no es pasiva. No es solo una idea bonita o una emoción que sentimos en los momentos difíciles. La fe verdadera es activa, se manifiesta en decisiones, en obediencia, en perseverancia y en palabras que confiesan quién es Dios, incluso cuando no vemos lo que esperamos. No se trata de negar la realidad, sino de afirmar con convicción que Dios es más grande que cualquier circunstancia.

Jesús dijo que, si tuviéramos fe como un grano de mostaza, podríamos decirle a un monte: "Muévete de aquí allá", y se movería (Mateo 17:20). No porque tengamos poder en nosotras mismas, sino porque confiamos en Aquel que tiene todo poder. Una fe pequeña, depositada en un Dios grande, puede hacer temblar al infierno.
Sin embargo, muchas veces nuestra fe está dormida. Hablamos de confiar, pero seguimos actuando según el miedo. Oramos, pero no nos movemos. Esperamos milagros, pero no damos pasos de obediencia. Activar la fe implica arriesgarse, avanzar, obedecer incluso cuando no entendemos, y declarar la Palabra de Dios por encima de lo que nuestros ojos naturales ven.

La fe que agrada a Dios es aquella que permanece firme, aunque no haya señales. Es la que no se rinde cuando tarda la respuesta. Es la que sigue sembrando, aunque no vea fruto todavía. Una fe viva no espera sentir algo, ¡actúa! Porque sabe en quién ha creído.
"Por eso les digo: todo lo que pidan en oración, crean que ya lo han recibido, y les será concedido." (Marcos 11:24)

Hoy, Dios te llama a despertar y activar esa fe. Hay montañas que solo se moverán cuando te atrevas a creer, hablar y obedecer con autoridad en el nombre de Jesús.

Oración
Señor, despierta en mí una fe activa y viva. Ayúdame a creer no solo con palabras, sino con acciones. A confiar cuando no veo, a caminar cuando no entiendo, y a declarar Tu verdad por encima de mis circunstancias. Que cada día me mueva por fe y no por vista. Usa mi fe, aunque sea pequeña, para mover montañas y glorificar Tu nombre. En el nombre de Jesucristo,
Amén.

Día 31: Notas

Fecha: _____

_____

_____

_____

_____

_____

_____

_____

_____

_____

_____

_____

_____

_____

_____

Responde cuando Él te llama por tu nombre

Dios no llama en masa. Él llama por nombre. No te ve como una más en la multitud, sino como Su hija, amada y escogida. Su llamado es personal, intencional y lleno de propósito. "Samuel, Samuel..." Y él respondió: "Aquí estoy" (1 Samuel 3:4).

Cuando Dios llama, no es solo para asignarte una tarea. Su llamado es, ante todo, una invitación a intimidad. Él te llama para hablarte, transformarte, y usarte para Su gloria. El llamado de Dios a Samuel ocurrió cuando era joven, en la quietud de la noche, cuando todos dormían.

Así también, Dios sigue llamando hoy, en medio del ruido, de la rutina, del cansancio, y de nuestras distracciones. Y como Samuel, muchas veces no reconocemos Su voz al principio. Pero cuanto más tiempo pasamos con Él, más claramente aprendemos a discernir Su dirección.

Responder al llamado de Dios no siempre será cómodo. Puede significar dejar atrás tu zona segura, tomar decisiones valientes o renunciar a tus propios planes. Pero cuando dices: "Sí, Señor", estás alineando tu vida con Su voluntad eterna. Estás diciendo: "No se haga mi voluntad, sino la Tuya."

A veces Dios llama para enviarte. Otras veces para corregirte. Y muchas veces solo para estar contigo. No ignores Su voz. No postergues tu respuesta. El que te llama por nombre es el mismo que te creó con un propósito. Cuando Él llama, lo hace con amor, dirección y un plan perfecto.

¿Estás dispuesta a decir como Samuel: "Habla, Señor, que Tu sierva escucha"? Esa respuesta puede cambiarlo todo.

Oración
Señor, gracias por llamarme por mi nombre. Aunque muchas veces he estado distraída o temerosa, hoy quiero responder con un corazón dispuesto. Abre mis oídos para reconocer Tu voz, y dame valentía para obedecer sin demora. Que mi vida entera sea una respuesta constante a Tu llamado. En el nombre de Jesucristo,
Amén.

Día 32: Notas

Fecha: _____

_____

_____

_____

_____

_____

_____

_____

_____

_____

_____

_____

_____

_____

_____

_____

Libérate del pasado de una vez por todas

Hay cadenas que no se ven, pero pesan. El pasado, con sus errores, heridas, decisiones y pecados, puede convertirse en una prisión invisible que roba gozo, esperanza y propósito. Pero en Cristo, no estamos llamadas a arrastrar ese peso para siempre. Estamos llamadas a ser verdaderamente libres.

"De modo que, si alguno está en Cristo, nueva criatura es; las cosas viejas pasaron; he aquí, son hechas nuevas" (2 Corintios 5:17). Tal vez te has preguntado si Dios ya te perdonó de verdad. Tal vez has confesado lo mismo mil veces, pero aún sientes la culpa y la vergüenza. Déjame recordarte algo: el perdón de Dios no es parcial, es completo. No está basado en lo que tú puedas hacer, sino en lo que Cristo ya hizo en la cruz.

"Así como está lejos el oriente del occidente, así alejó de nosotros nuestras transgresiones" (Salmo 103:12). El enemigo querrá recordarte tu pasado para frenarte. Pero Dios quiere sanarlo para enviarte. Él no solo perdona: restaura, limpia, transforma y da propósito. Cada herida que has vivido puede ser una plataforma para Su gloria, si decides soltarla en Sus manos.

Soltar el pasado no significa negar lo que ocurrió. Significa entregar el dolor a Dios, permitirle sanarte y dejar de revivir lo que Él ya sepultó. Es caminar con la mirada en Cristo y no en lo que quedó atrás.

Hoy, da ese paso. Suelta el pasado. Abraza la libertad. Vive como la mujer que Dios ya declaró libre.

Oración
Padre, hoy elijo soltar todo peso del pasado. Ya no quiero vivir atada a lo que Tú ya perdonaste. Lléname con Tu verdad y ayúdame a caminar en la libertad que me has dado. Restaura mi alma, sana mi corazón, y úsame para Tu gloria. En el nombre de Jesucristo, Amén.

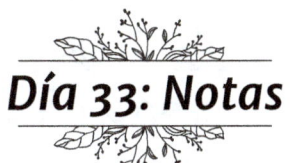

Día 33: Notas

Fecha: _____

_____

_____

_____

_____

_____

_____

_____

_____

_____

_____

_____

_____

_____

Deja de compararte, eres única en Él

La comparación es una trampa silenciosa que roba gozo, distorsiona la identidad y debilita la fe. Vivimos en una cultura que constantemente nos empuja a medirnos con otras: su éxito, su apariencia, sus logros, su espiritualidad. Pero el Señor no te llamó a ser una copia. Te creó única, con un diseño intencional, una voz propia y un propósito específico.
"Te alabaré, porque asombrosa y maravillosamente he sido hecho" (Salmo 139:14).

Dios no comete errores. Cuando te formó, lo hizo con detalle, con amor y con propósito. Cada rasgo de tu personalidad, cada experiencia que has vivido, incluso tus debilidades, pueden ser usadas por Él para reflejar Su gloria de una manera que nadie más puede. Si pasas tu vida deseando la asignación de otra, perderás la plenitud de lo que Dios quiere hacer contigo.

La comparación nace muchas veces de la inseguridad y del orgullo disfrazado. Pensamos que valemos más si hacemos más, si nos vemos mejor, si destacamos. Pero en el Reino de Dios, el valor no se gana, se recibe. Y tú ya fuiste aceptada, llamada, equipada y amada por el Padre.

Hoy, deja de mirar alrededor y empieza a mirar hacia arriba. No te compares, porque no estás en competencia con nadie. Estás en proceso. El objetivo no es parecerte a otras mujeres, sino a Cristo. Y eso se logra cuando caminas en obediencia, en gratitud y en plenitud.

Oración
Padre, perdóname por las veces que me he comparado con otras, olvidando que me creaste con propósito. Ayúdame a abrazar mi identidad en Ti y a confiar en que me has dado lo necesario para cumplir Tu voluntad. Quiero vivir en plenitud, sin comparaciones, y con la mirada puesta solo en Ti. En el nombre de Jesucristo, Amén.

Día 34: Notas

Fecha: _____

Refúgiate en la presencia de Dios

La presencia de Dios no es un concepto simbólico o lejano. Es real, poderosa, y está disponible para ti hoy. En un mundo donde todo cambia, donde el ruido externo y el caos interno amenazan con abrumarnos, Su presencia es el único lugar donde encontramos verdadera paz, dirección y consuelo. "El que habita al abrigo del Altísimo morará a la sombra del Omnipotente" (Salmo 91:1).

Refugiarse en Dios no es una señal de debilidad, sino de sabiduría. Es reconocer que hay batallas que no podemos pelear solas, cargas que no debemos llevar, y respuestas que solo pueden encontrarse a los pies del Padre. No necesitas un lugar perfecto ni un momento especial. Puedes correr a Su presencia en medio del llanto, la rutina, el cansancio o la confusión. Él siempre está disponible.

Cuando eliges refugiarte en Su presencia, tu alma encuentra descanso. No porque las circunstancias cambien de inmediato, sino porque sabes que estás segura. Su paz guarda tu mente, Su Palabra guía tus pasos, y Su amor cubre tus heridas. Él no es un Dios distante; es un Padre cercano que te invita a estar con Él.

A veces buscamos respuestas cuando lo que más necesitamos es Su compañía. No siempre necesitas hacer o decir mucho. A veces, solo necesitas estar. Adorar. Escuchar. Respirar profundo y recordar que Él está contigo.

Hoy, no huyas a mil distracciones buscando alivio temporal. Refúgiate en lo eterno. Corre a Sus brazos, y quédate allí.

Oración
Padre, gracias por invitarme a refugiarme en Tu presencia. Ayúdame a dejar de correr a lo superficial y a buscar descanso solo en Ti. Que cada día encuentre en Tu cercanía la fuerza, la paz y la dirección que mi alma necesita. En el nombre de Jesucristo,
Amén.

Día 35: Notas

Fecha: _____

_____

_____

_____

_____

_____

_____

_____

_____

_____

_____

_____

_____

_____

_____

_____

Poder Espiritual

Practica disciplinas que te fortalezcan

La fortaleza espiritual no aparece por accidente. Se cultiva. Así como el cuerpo necesita ejercicio y alimento para mantenerse fuerte, el alma necesita disciplinas que la alineen con la voluntad de Dios y la preparen para perseverar en medio de las pruebas.
"Ejercítate en la piedad; porque el ejercicio corporal para poco es provechoso, pero la piedad es provechosa para todo"
(1 Timoteo 4:7–8).

Leer la Palabra, orar, ayunar, congregarse, adorar y servir no son rutinas vacías. Son prácticas de vida que te forman, te limpian y te acercan al corazón del Padre. Estas disciplinas no te hacen más amada por Dios, pero sí más sensible a Su voz y más equipada para vivir en victoria. Jesús dijo: "El espíritu está dispuesto, pero la carne es débil" (Mateo 26:41), y por eso necesitamos mantenernos vigilantes y nutridas espiritualmente.

No esperes a estar en crisis para fortalecer tu espíritu. El entrenamiento espiritual es diario, constante y, a veces, incómodo, pero siempre necesario. La oración te conecta, la Palabra te nutre, el ayuno te libera, la comunión te anima y el servicio te enseña a amar. No son rituales religiosos; son herramientas de crecimiento.
"Permanezcan en mí, y yo permaneceré en ustedes" (Juan 15:4).
Cuando disciplinas tu vida espiritual, estás diciendo: "Mi carne no manda; manda el Espíritu." Estás construyendo raíces profundas que te sostendrán cuando llegue la tormenta.

"El hombre prudente edificó su casa sobre la roca... y no cayó, porque estaba fundada sobre la roca" (Mateo 7:24–25).
Hoy, pregúntate: ¿Qué disciplinas necesito recuperar o fortalecer? No se trata de hacer más, sino de hacerlo con intención. Dios quiere fortalecerte desde dentro, pero tú necesitas presentarte dispuesta.

Oración
Señor, ayúdame a cultivar una vida espiritual firme y disciplinada. Muéstrame qué hábitos debo retomar y qué distracciones dejar. Dame pasión por Tu presencia, hambre por Tu Palabra y constancia para crecer cada día. Fortaléceme desde lo profundo. En el nombre de Jesucristo,
Amén.

Día 36: Notas

Fecha: _____

_____

_____

_____

_____

_____

_____

_____

_____

_____

_____

_____

_____

_____

Protege tu corazón de toda distracción

El corazón es valioso. Es el centro de tus emociones, pensamientos, deseos y decisiones. Por eso, la Biblia nos llama a guardarlo por encima de todo. Si permitimos que se llene de ruido, ansiedad o deseos mal dirigidos, pronto perderemos el enfoque y la pasión por Dios. "Sobre toda cosa guardada, guarda tu corazón, porque de él mana la vida" (Proverbios 4:23).

Hoy más que nunca, las distracciones están por todas partes. Aunque no todas sean malas en sí mismas, muchas se convierten en enemigas silenciosas de nuestra comunión con Dios. El exceso de redes sociales, la necesidad constante de validación, las comparaciones, la multitarea, la sobrecarga de información... todo esto puede endurecer nuestro corazón o hacerlo superficial.
Jesús advirtió: "Donde esté tu tesoro, allí estará también tu corazón" (Mateo 6:21). Por eso, debemos preguntarnos: ¿dónde estamos depositando nuestro tesoro cada día?

Proteger el corazón implica hacer pausas, establecer límites y cultivar hábitos que te mantengan conectada con el Padre. No se trata de vivir desconectada del mundo, sino de aprender a discernir qué cosas te están alejando del propósito de Dios.
"Examinaos a vosotros mismos si estáis en la fe" (2 Corintios 13:5). Haz espacio para el silencio, para la Palabra, para la oración. Cuida lo que consumes, lo que repites en tu mente y lo que dejas entrar en tu alma.

Recuerda que Dios no busca corazones perfectos, sino corazones rendidos, moldeables, dispuestos a obedecer. "Bienaventurados los de limpio corazón, pues ellos verán a Dios" (Mateo 5:8).

Hoy, decide guardar tu corazón con celo. No porque seas débil, sino porque sabes que en él se cultiva tu fuerza espiritual.

Oración
Padre, dame sabiduría para cuidar mi corazón como Tú lo mandas. Líbrame de las distracciones que me alejan de Ti, y muéstrame qué necesito ajustar en mi día a día. Que mi corazón siempre sea terreno fértil para Tu verdad. En el nombre de Jesucristo,
Amén.

Día 37: Notas

Fecha: _____

_____

_____

_____

_____

_____

_____

_____

_____

_____

_____

_____

_____

_____

_____

Sé parte activa del cuerpo de Cristo

Seguir a Cristo no es una experiencia individualista. Fuiste diseñada para vivir tu fe en comunidad, como parte de un cuerpo donde cada miembro cumple una función esencial. No estás sola, ni fuiste llamada a caminar sola. Eres parte de algo mucho más grande que tú misma: el cuerpo de Cristo. "Así nosotros, que somos muchos, somos un cuerpo en Cristo e individualmente miembros los unos de los otros" (Romanos 12:5).

Cada mujer en la iglesia tiene un propósito específico. Algunas enseñan, otras animan, otras sirven en silencio. Todas son valiosas. Cuando entiendes esto, dejas de competir y comienzas a colaborar. Dejas de compararte y empiezas a contribuir. "A cada uno se le da la manifestación del Espíritu para el bien común" (1 Corintios 12:7).
 Ser parte activa del cuerpo de Cristo no significa estar ocupada todo el tiempo, sino estar disponible para lo que Dios quiere hacer en y a través de ti.

Aislarte puede parecer más cómodo, pero te debilita espiritualmente. La comunión con otros creyentes te afila, te edifica y te protege. "Como el hierro afila al hierro, así un hombre afila a su prójimo" (Proverbios 27:17). Necesitas de la sabiduría de otras mujeres, de su apoyo en la lucha, de su corrección amorosa y de sus oraciones sinceras. Y ellas también te necesitan a ti.

Participar activamente implica compromiso, humildad y disposición. Puede que te sientas incapaz o que pienses que no tienes nada que ofrecer, pero si el Espíritu Santo vive en ti, tienes todo lo necesario para ser de bendición. "Somos hechura suya, creados en Cristo Jesús para hacer buenas obras" (Efesios 2:10).
No te quedes aislada. Involúcrate. Ora con otros, sirve con alegría, edifica con tus palabras. Cuando decides ser parte activa del cuerpo, no solo creces tú... el cuerpo entero se fortalece.

Oración
Señor, gracias por hacerme parte de Tu cuerpo. Ayúdame a vivir en comunidad, con humildad y disposición. Muéstrame dónde y cómo puedo servir, y líbrame del aislamiento o del orgullo. Quiero ser una parte viva, útil y obediente para Tu gloria. En el nombre de Jesucristo, Amén.

Día 38: Notas

Fecha: _____

_____

_____

_____

_____

_____

_____

_____

_____

_____

_____

_____

_____

_____

_____

No improvises: busca la unción con compromiso

En el Reino de Dios, no todo se trata de talento, carisma o buenas intenciones. Lo que marca la diferencia en una vida de impacto es la unción del Espíritu Santo. Pero la unción no se improvisa. Se cultiva con compromiso, obediencia, intimidad y una vida rendida.
"Pero Tú has exaltado mi poder como el del búfalo; he sido ungido con aceite fresco" (Salmo 92:10).

La unción no es emoción, es respaldo divino. Es la evidencia de que Dios respalda lo que haces. Y aunque es el Espíritu quien la otorga, tú eres responsable de cuidar el aceite. *"No con ejército, ni con fuerza, sino con mi Espíritu, dice el Señor de los ejércitos"* (Zacarías 4:6).

No puedes pretender caminar con autoridad espiritual si tu relación con Dios es superficial o inconstante. Muchas veces queremos resultados sin proceso, visibilidad sin preparación, poder sin oración. Pero Dios no se deja impresionar por la apariencia. Él unge a quienes están dispuestos a pagar el precio en lo secreto. *"Tu Padre, que ve en lo secreto, te recompensará"* (Mateo 6:6).

Él unge a los que dicen "sí" cuando es difícil, "no" cuando es necesario, y "aquí estoy" cuando se sienten incapaces. Si Dios te ha dado una asignación, no improvises. Prepárate. Llénate de Su Palabra. Ora sin cesar. Ayuna. Permanece en santidad. Sirve con integridad. La unción no es solo para el púlpito: es para criar hijos, liderar, trabajar, aconsejar y vivir con propósito. *"Sean constantes en la oración"* (Romanos 12:12). Donde hay compromiso, hay aceite fresco.

Hoy, examina tu corazón. ¿Estás cultivando una vida que Dios pueda respaldar? No improvises. Busca la unción... con compromiso.

Oración
Señor, no quiero hacer nada en mis propias fuerzas. Quiero Tu unción sobre mi vida. Ayúdame a vivir con compromiso, a cuidar el aceite que me has dado y a permanecer fiel en lo secreto. Que cada paso que dé esté respaldado por Tu presencia. En el nombre de Jesucristo, Amén.

Día 39: Notas

Fecha:

_____

_____

_____

_____

_____

_____

_____

_____

_____

_____

_____

_____

_____

Camina con propósito eterno

No fuiste creada para vivir a la deriva. Tu vida tiene dirección, propósito y eternidad en mente. Dios no te salvó solo para que sobrevivas el día a día, sino para que vivas con enfoque, dejando huellas que trasciendan más allá de esta tierra. "Pongan la mira en las cosas de arriba, no en las de la tierra" (Colosenses 3:2).

El propósito eterno no siempre se ve grande a los ojos del mundo. A veces se manifiesta en actos pequeños: criar con paciencia, servir con amor, dar una palabra de aliento, permanecer firme cuando nadie más lo hace. Pero cada una de esas acciones, cuando se hacen con fe y obediencia, tiene valor eterno. "Por tanto, amados hermanos, estén firmes, constantes, abundando siempre en la obra del Señor, sabiendo que su trabajo en el Señor no es en vano"
(1 Corintios 15:58).

Caminar con propósito eterno es vivir sabiendo que todo cuenta. Tus decisiones de hoy están construyendo tu legado y afectando generaciones. No estás aquí por accidente, sino por una misión divina. Esa misión no se mide por logros visibles, sino por fidelidad diaria. "Porque somos hechura suya, creados en Cristo Jesús para hacer buenas obras, las cuales Dios preparó de antemano para que anduviéramos en ellas" (Efesios 2:10).
El enemigo quiere que vivas distraída, apagada o atrapada en lo temporal. Pero el Espíritu Santo quiere despertarte a lo eterno. Cuando vives con los ojos puestos en Cristo, tus prioridades cambian. Lo que antes parecía urgente ya no lo es. Y lo que antes parecía insignificante se vuelve sagrado. "Fijen su mirada en Jesús, el autor y consumador de la fe" (Hebreos 12:2).

Hoy es un buen día para alinear tu caminar. Pregúntate: ¿Esto que estoy haciendo tiene valor eterno? ¿Estoy invirtiendo mi tiempo en lo que permanece?

Oración
Padre, gracias por darme una vida con propósito. Ayúdame a vivir cada día con los ojos puestos en lo eterno. Líbrame de la distracción y de la rutina sin sentido. Que todo lo que haga sea guiado por Tu Espíritu y alineado con Tu voluntad. En el nombre de Jesucristo,
Amén.

Día 40: Notas

Fecha: _____

_____

_____

_____

_____

_____

_____

_____

_____

_____

_____

_____

_____

_____

_____

_____

Deja que Su poder se perfeccione en tu debilidad

¿Cuántas veces has sentido que no eres lo suficientemente fuerte para seguir adelante? Tal vez estás luchando con una situación que te sobrepasa, una emoción que no puedes controlar o una carga que te agota. Pero en lugar de esconder tu debilidad o tratar de superarla por tus propias fuerzas, ¿qué pasaría si la ofrecieras a Dios? El apóstol Pablo nos dejó una verdad transformadora: "Te basta Mi gracia, pues Mi poder se perfecciona en la debilidad" (2 Corintios 12:9).

Esta no es una invitación a rendirse en derrota, sino a rendirse con propósito. Es en tu momento más frágil donde el poder de Dios se manifiesta con mayor claridad. No porque tú puedas, sino porque Él puede. Cuando reconoces tu necesidad de Él, Su gracia te envuelve. Su poder comienza a obrar no a pesar de tu debilidad, sino a través de ella. "Él da fuerzas al fatigado, y al que no tiene fuerzas, aumenta el vigor" (Isaías 40:29).

La verdadera fortaleza espiritual no nace del orgullo ni de la autosuficiencia, sino de una vida rendida que declara: "Señor, sin Ti no puedo." Deja de esconder lo que te hace vulnerable. Llora si es necesario. Pide ayuda. Pero, sobre todo, preséntate ante Dios tal como estás, y permite que Su poder haga lo que tú no puedes hacer por ti misma. "Clama a Mí, y Yo te responderé" (Jeremías 33:3). Él no se escandaliza por tu debilidad; la redime.

Hoy, en vez de forzarte a ser fuerte, entrégale al Señor tus límites. En tu debilidad, Él será glorificado.

Oración

Padre, reconozco que hay áreas en mi vida donde me siento débil e incapaz. Hoy no quiero ocultarlas ni enfrentarlas sola. Te las entrego para que Tu poder se perfeccione en mí. Fortaléceme con Tu gracia y haz en mí lo que solo Tú puedes hacer. En el nombre de Jesucristo, Amén.

Día 41: Notas

Fecha: _____

_____

_____

_____

_____

_____

_____

_____

_____

_____

_____

_____

_____

_____

_____

Permite que el quebranto te transforme

El quebranto no es algo que buscamos, pero es algo que Dios puede usar poderosamente. Cuando todo parece desmoronarse, cuando lo que sostenías se rompe, cuando tu corazón está hecho pedazos... ahí mismo, Dios quiere obrar. No para destruirte, sino para reconstruirte desde lo eterno. "El sacrificio que agrada a Dios es el espíritu quebrantado; al corazón contrito y humillado, oh Dios, no despreciarás" (Salmo 51:17).

En una cultura que exalta la autosuficiencia, Dios se inclina hacia los quebrantados. El quebranto que te humilla también te acerca a Su presencia. "Cercano está el Señor a los quebrantados de corazón, y salva a los abatidos de espíritu" (Salmo 34:18). No estás rota sin propósito. Estás en manos del Alfarero. Él no desecha los pedazos; los recoge uno a uno y forma algo nuevo. Más bello. Más firme. Más rendido.

A veces, es necesario que tus propias fuerzas se rompan para que aprendas a depender completamente de Su poder. "Mi gracia es suficiente para ti, porque el poder se perfecciona en la debilidad" (2 Corintios 12:9).

Permitir que el quebranto te transforme es dejar que Dios obre en lo profundo, que saque lo que estorba, que sane lo que dolía, que limpie lo que ocultabas. No te resistas al proceso. Entrégale tu dolor y dile: "Haz lo que tengas que hacer en mí."

Lo que nace del quebranto, en Sus manos, siempre lleva vida. Lo que parecía pérdida, en Su presencia, se convierte en propósito.

Oración

Padre, hoy vengo delante de Ti con mi corazón quebrantado. Ya no quiero esconder el dolor ni endurecerme para evitarlo. Haz Tu obra en mí. Transfórmame desde adentro. Usa el quebranto para formar en mí algo que refleje Tu gloria. En el nombre de Jesucristo, Amén.

Día 42: Notas

Fecha: _____

_____

_____

_____

_____

_____

_____

_____

_____

_____

_____

_____

_____

Carácter Piadoso

Haz todo con excelencia para Él

La excelencia no es perfección. No se trata de hacerlo todo sin errores, sino de hacerlo con un corazón dispuesto, con esmero y, sobre todo, para glorificar a Dios. Cuando entiendes que todo lo que haces, incluso lo más cotidiano, puede ser un acto de adoración, tu manera de vivir cambia. "Y todo lo que hagan, háganlo de corazón, como para el Señor y no para los hombres" (Colosenses 3:23).

Tu trabajo, tu servicio, tu manera de cuidar a tu familia, tus palabras y actitudes... todo puede reflejar al Dios que vive en ti. Hacerlo "como para Él" eleva tu estándar, no por obligación, sino por amor.
"Sea, pues, que coman o beban, o que hagan cualquier otra cosa, háganlo todo para la gloria de Dios" (1 Corintios 10:31).

Un carácter piadoso no busca los aplausos de los hombres, sino la sonrisa de Dios. Aun en lo oculto, cuando nadie ve, quien tiene el corazón rendido se esfuerza cada día por actuar con excelencia porque sabe que Dios sí ve. "El Señor pesa los espíritus" (Proverbios 16:2). Y eso basta. La excelencia no compite, no presume, no se desgasta en comparación. Simplemente da lo mejor con lo que tiene. Porque sabe que cuando todo se hace para Él, nada es pequeño, nada es en vano.

"No nos cansemos de hacer el bien, porque a su tiempo cosecharemos si no desmayamos" (Gálatas 6:9). Hoy, examina tu actitud y tu esfuerzo en lo cotidiano. ¿Estás haciendo las cosas con excelencia o solo por cumplir? ¿Estás trabajando para agradar a los demás o para honrar al Señor?

Hazlo todo con excelencia. No para ser reconocida, sino porque Él es digno de lo mejor.

Oración
Señor, hoy quiero que todo lo que haga sea para Ti. Ayúdame a vivir con excelencia, no buscando aprobación humana, sino agradarte a Ti en cada detalle. Que incluso lo más simple se convierta en adoración. En el nombre de Jesucristo,
Amén.

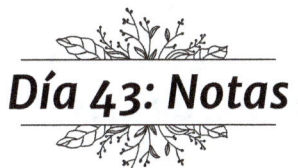

Día 43: Notas

Fecha: _____

_____

_____

_____

_____

_____

_____

_____

_____

_____

_____

_____

_____

_____

Brilla con la luz de Cristo donde estés

No necesitas un escenario ni una multitud para impactar el mundo. A veces, los lugares más comunes, tu casa, tu trabajo, la tienda, una conversación casual, se convierten en plataformas para reflejar la luz de Cristo. No porque tú seas perfecta, sino porque Él brilla en ti. "Ustedes son la luz del mundo. Una ciudad situada sobre un monte no se puede ocultar" (Mateo 5:14).

Jesús no dijo "traten de ser luz", sino "ustedes son". Esa es tu identidad en Él. Y donde hay luz, las tinieblas no prevalecen. "Porque antes ustedes eran tinieblas, pero ahora son luz en el Señor; anden como hijos de luz" (Efesios 5:8). Brillar no es actuar con religiosidad, ni imponer tu fe con palabras vacías. Es vivir con integridad, amar sin condiciones, hablar con sabiduría y actuar con compasión. Es reflejar al Rey en cada gesto, incluso en lo más pequeño.

"Así brille su luz delante de los hombres, para que vean sus buenas acciones y glorifiquen a su Padre que está en los cielos" (Mateo 5:16). Brillar con Su luz es llevar esperanza donde hay tristeza, paz donde hay caos, verdad donde hay confusión. No subestimes el lugar donde estás hoy. Dios no se equivoca al posicionarte. Estás justo donde puedes marcar una diferencia.

A veces, una sonrisa, una palabra de aliento, una oración silenciosa o una acción humilde pueden encender una chispa eterna en el corazón de alguien más. Hoy, recuerda que no estás en la sombra. Eres luz. Y cuando la luz de Cristo brilla en ti, otros verán a Dios a través de tu vida.

Oración
Señor, gracias por hacerme portadora de Tu luz. Ayúdame a brillar donde estoy, con lo que tengo y con lo que soy. Que otros puedan ver a Cristo en mí, no por mis palabras solamente, sino por cada acto de amor y verdad. En el nombre de Jesucristo,
Amén.

Día 44: Notas

Fecha: _____

_____

_____

_____

_____

_____

_____

_____

_____

_____

_____

_____

_____

_____

_____

_____

_____

_____

_____

Ríndete por completo a Su voluntad

Rendirse a la voluntad de Dios no siempre es fácil. A veces queremos obedecer, pero a nuestra manera. Otras veces decimos que confiamos, pero seguimos aferradas al control. La verdadera rendición no es parcial ni condicional, es total. Es decirle a Dios: "Haz lo que Tú quieras, cuando Tú quieras, como Tú quieras".

Jesús nos dio el ejemplo más perfecto de rendición cuando oró: "Padre, si es Tu voluntad, aparta de Mí esta copa; pero que no se haga Mi voluntad, sino la Tuya" (Lucas 22:42). Si el Hijo de Dios se rindió así, ¿cómo no habríamos de hacerlo nosotras?

Rendirte por completo no significa que siempre entenderás lo que Dios hace, pero sí que confiarás en Su corazón. Él ve lo que tú no ves, sabe lo que tú no sabes. Y si Su voluntad pasa por un camino que no elegiste, es porque sabe que es lo mejor para tu vida eterna. "Confía en el Señor con todo tu corazón y no te apoyes en tu propio entendimiento" (Proverbios 3:5).

La rendición no es un signo de debilidad, es una demostración de fe. Es el corazón que se postra, no solo en oración, sino también en obediencia. "Ya no vivo yo, sino que Cristo vive en mí" (Gálatas 2:20). Es decirle a Dios con sinceridad: "No se haga mi voluntad, sino la Tuya".

Hoy es el día para dejar de negociar con Dios. Entrégale todo. No te aferres a tus planes, tu orgullo o tu miedo. Entrégale todo al que entregó todo por ti. "Porque la voluntad de Dios es buena, agradable y perfecta" (Romanos 12:2).

Oración

Padre, hoy rindo mi voluntad ante la Tuya. Aunque no entienda todo, confío en que Tú sabes lo que es mejor para mí. Ayúdame a soltar todo lo que me impide obedecer con gozo. Que mi vida sea un reflejo de una fe rendida. En el nombre de Jesucristo,
Amén.

Día 45: Notas

Fecha:

_____

_____

_____

_____

_____

_____

_____

_____

_____

_____

_____

_____

_____

_____

Deja que Él sane tus heridas profundas

Todas llevamos heridas. Algunas son visibles, otras se ocultan tras una sonrisa. Hay heridas que vienen del rechazo, la traición, la pérdida o palabras que marcaron el alma. Pero, por más profundas que sean, no hay herida que Dios no pueda sanar.
Él no es indiferente a tu dolor. Su Palabra dice: "Él sana a los quebrantados de corazón y venda sus heridas" (Salmo 147:3).

No solo ve tu herida, sino que se acerca a ti con amor, ternura y poder para restaurarte por completo. "He aquí que Yo traeré sanidad para ti, y sanaré tus heridas" (Jeremías 30:17). Sanar no siempre es inmediato. A veces implica recordar, llorar, perdonar y dejar ir. Pero el proceso en Sus manos es seguro, porque Su intención nunca es exponerte para herirte más, sino para liberarte. Donde tú ves ruina, Él ve posibilidad de redención.

Muchas veces intentamos seguir adelante ignorando el dolor, cubriéndolo con actividades o aparentando que todo está bien. Pero el corazón no puede sanar si no es tratado con verdad y compasión. Hoy, Jesús te extiende Su mano y te dice: "Muéstrame tu herida. No tengas miedo. Yo vine a sanarte."

No te acostumbres a vivir herida. No te conformes con una vida emocionalmente fragmentada. En Cristo hay sanidad total, restauración real y libertad verdadera.

Él no solo puede sanar tu dolor… quiere hacerlo. Pero espera que se lo entregues con un corazón rendido.

Oración
Padre, Tú conoces cada herida que llevo dentro. Nada está oculto ante Ti. Hoy decido abrir mi corazón y permitirte sanar las áreas más profundas de mi vida. Ayúdame a confiar en Tu proceso y a entregarte el dolor que he guardado. Que Tu amor me restaure por completo. En el nombre de Jesucristo,
Amén.

Día 46: Notas

Fecha: _____

_____

_____

_____

_____

_____

_____

_____

_____

_____

_____

_____

_____

_____

Cree en el Dios de lo imposible

La fe verdadera no se basa en lo que ves, sino en quién es Dios. Él no está limitado por circunstancias, diagnósticos, tiempos ni estadísticas. Donde el ser humano dice: "Es imposible", Su Palabra declara: "¿Habrá algo imposible para Dios?" (Génesis 18:14).
Esta declaración no es solo una promesa, es una invitación a levantar tu mirada y creer.

No en la solución que tú imaginas, sino en el Dios que puede hacerlo todo según Su perfecta voluntad. "Jesús le dijo: 'Si puedes creer, al que cree todo le es posible'" (Marcos 9:23).
Dios no te pide que tengas una fe enorme, sino una fe auténtica. La fe que dice: "No entiendo cómo, pero sé que Tú puedes". Esa fe mueve montañas, abre caminos en el mar, da vida a lo estéril y esperanza en medio del caos.

"Porque por fe andamos, no por vista" (2 Corintios 5:7). No porque tú lo provoques, sino porque Él es fiel. Tal vez llevas tiempo orando por algo que aún no ves. Tal vez has dejado de creer porque el silencio de Dios ha dolido. Pero hoy Él te recuerda: "Nada hay imposible para Mí" (Lucas 1:37).

Cree otra vez. Vuelve a confiar. La fe no niega la realidad, pero sí se atreve a declarar que Dios tiene la última palabra. Y eso lo cambia todo.

Oración
Padre, hoy renuevo mi fe en Ti. Aunque no vea la respuesta aún, creo que para Ti no hay nada imposible. Ayúdame a confiar más en Tu poder que en mis circunstancias. Aumenta mi fe, y enséñame a esperar con esperanza, sabiendo que Tú eres fiel. En el nombre de Jesucristo,
Amén.

Día 47: Notas

Fecha: _____

_____

_____

_____

_____

_____

_____

_____

_____

_____

_____

_____

_____

_____

_____

Ora con autoridad espiritual

La oración no es un acto pasivo. Es una herramienta poderosa que Dios nos ha dado para intervenir en lo invisible, establecer Su voluntad en la tierra y pelear batallas en el ámbito espiritual. No oramos como mendigas esperando migajas, sino como hijas que conocen a su Padre y confían en Su poder.

"Acerquémonos, pues, con confianza al trono de la gracia, para que recibamos misericordia y hallemos gracia para la ayuda oportuna" (Hebreos 4:16). La Palabra dice: "La oración eficaz del justo puede lograr mucho" (Santiago 5:16).

No se trata de palabras bonitas, repeticiones o fórmulas mágicas. Se trata de una vida justa y rendida, conectada con el corazón de Dios, que ora con fe y autoridad. Orar con autoridad no es gritar ni impresionar. Es hablar con la convicción de que Dios escucha y responde. Es alinearse con Su voluntad y declarar Sus promesas por encima de lo que se ve.

"Esta es la confianza que tenemos delante de Él, que si pedimos cualquier cosa conforme a Su voluntad, Él nos oye" (1 Juan 5:14). Cuando oras conforme a la Palabra, estás orando conforme a Su voluntad. Estás usando la espada del Espíritu, que es la Palabra de Dios, para enfrentar las mentiras del enemigo y declarar vida, verdad y libertad.

Muchas veces nos conformamos con oraciones débiles, llenas de duda o temor. Pero hoy Dios te llama a orar como quien sabe a quién pertenece. Tu voz en el cielo tiene peso cuando viene de un corazón rendido y lleno de Su verdad.

Levántate en fe. No repitas lo que sientes, proclama lo que crees. No ores desde la derrota. Ora desde la victoria que Cristo ya ganó.

Oración

Padre, gracias por darme acceso a Tu presencia. Hoy oro con fe, con autoridad y con la certeza de que Tú escuchas. Alínea mi corazón con el Tuyo y enséñame a orar conforme a Tu Palabra. Que mis oraciones sean eficaces, fervientes y llenas de fe. En el nombre de Jesucristo, Amén.

Día 48: Notas

Fecha: _____

_____

_____

_____

_____

_____

_____

_____

_____

_____

_____

_____

_____

_____

_____

_____

_____

Usa Su Palabra como tu espada

La vida cristiana no es una caminata ligera. Es una batalla diaria, y no se pelea con armas humanas, sino con armas espirituales. Una de las más poderosas es la Palabra de Dios, llamada en Efesios 6:17 "la espada del Espíritu, que es la Palabra de Dios."

Dios nos ha dado Su Palabra no solo para leerla o memorizarla, sino para usarla. En tiempos de tentación, confusión, miedo o dolor, la Palabra es tu arma ofensiva. No estás indefensa. Cuando declaras la verdad de Dios, el enemigo no puede resistirla. "Porque las armas de nuestra milicia no son carnales, sino poderosas en Dios para la destrucción de fortalezas" (2 Corintios 10:4).

Jesús mismo nos dio el ejemplo. Cuando fue tentado en el desierto, no debatió ni razonó. Respondió con: "Escrito está..." y citó las Escrituras (Mateo 4). Esa es la autoridad con la que tú también puedes responder. No con tus emociones, sino con la verdad eterna. Pero para usar la Palabra como espada, necesitas conocerla. No puedes pelear con lo que no sabes. Por eso, invierte tiempo en leerla, meditarla y guardarla en tu corazón.

"En mi corazón he atesorado Tu palabra, para no pecar contra Ti" (Salmo 119:11). Cuando llegue el día malo, no lucharás desde el miedo, sino desde la convicción.

No subestimes el poder que hay en declarar la Palabra de Dios sobre tus pensamientos, tu familia, tus decisiones y tus batallas. Cuando hablas lo que Dios dice, alineas tu realidad con Su voluntad.

Oración
Señor, gracias por darme Tu Palabra como mi espada. Ayúdame a amarla, a conocerla y a usarla con sabiduría. Que no luche en mis propias fuerzas, sino con la verdad que viene de Ti. Enséñame a declarar Tu Palabra con autoridad en cada área de mi vida. En el nombre de Jesucristo,
Amén.

Día 49: Notas

Fecha: _____

_____

_____

_____

_____

_____

_____

_____

_____

_____

_____

_____

_____

_____

_____

Paz y Confianza

Busca restaurar, no solo ganar discusiones

Hay una gran diferencia entre tener la razón y tener el corazón en el lugar correcto. En un mundo que premia a quien habla más fuerte o vence con argumentos, Dios nos llama a buscar la paz, no la victoria personal. No se trata de demostrar superioridad, sino de reflejar a Cristo incluso en medio del conflicto. "Bienaventurados los que procuran la paz, pues ellos serán llamados hijos de Dios" (Mateo 5:9).

La Palabra nos enseña: "Si es posible, en cuanto de ustedes dependa, estén en paz con todos los hombres" (Romanos 12:18).
 Esto no significa que nunca hablaremos con firmeza o que cederemos ante la injusticia, pero sí implica que nuestro deseo debe ser siempre la reconciliación, no la confrontación por orgullo.

Ganar una discusión puede alimentar el ego, pero restaurar una relación glorifica a Dios. A veces, el silencio es más sabio que una respuesta afilada. A veces, callar no es perder, sino amar. Y otras veces, hablar con gracia y verdad puede abrir puertas que el enojo solo cerraría.

"La respuesta amable calma el enojo, pero la palabra hiriente aumenta la ira" (Proverbios 15:1). Cuando eliges la paz, no estás siendo débil. Estás confiando en que Dios es justo y que Él es quien defiende la verdad.

Buscar restaurar no es negar el conflicto, sino enfrentarlo con humildad y con el deseo de reflejar a Cristo más que de defenderte a ti misma. "No seas vencido por el mal, sino vence el mal con el bien" (Romanos 12:21).

Oración
Padre, ayúdame a tener un corazón que busca la paz por encima del orgullo. Enséñame a hablar con sabiduría, a escuchar con humildad y a callar cuando sea necesario. Que en cada conversación, mi meta no sea ganar, sino reflejar Tu carácter. Dame un espíritu pacificador que busque siempre restaurar. En el nombre de Jesucristo, Amén.

Día 50: Notas

Fecha: _____

_____

_____

_____

_____

_____

_____

_____

_____

_____

_____

_____

_____

_____

_____

Sé una mujer sabia y prudente

La sabiduría no se mide por cuánto sabes, sino por cómo vives. Una mujer sabia y prudente no es la que siempre habla, sino la que sabe cuándo callar, cuándo actuar y, sobre todo, cuándo confiar en Dios antes que en sus impulsos. "La mujer sabia edifica su casa, pero la necia con sus manos la derriba" (Proverbios 14:1).

La sabiduría no es solo una cualidad bonita, es una necesidad espiritual. Es lo que mantiene firme tu hogar, tus relaciones, tus decisiones y tu testimonio. "El principio de la sabiduría es el temor del Señor" (Proverbios 9:10).

Una mujer sabia no busca impresionar, sino edificar. No reacciona con emociones desbordadas, sino que responde con discernimiento. No toma decisiones apresuradas, sino que consulta a Dios y espera Su dirección. Y cuando comete errores, aprende, se humilla y crece. La prudencia es su aliada.

Habla con intención, actúa con propósito y sabe cuándo retroceder para orar en lugar de discutir. En un ambiente ruidoso, una mujer sabia es un testimonio silencioso del carácter de Cristo. "Sus labios hablan con sabiduría, y la enseñanza de bondad está en su lengua" (Proverbios 31:26).

No nacemos sabias, pero podemos pedir sabiduría al Padre, y Él la da abundantemente a quienes la buscan con sinceridad. "Pero si alguno de ustedes se ve falto de sabiduría, que la pida a Dios, quien da a todos abundantemente y sin reproche" (Santiago 1:5).

La sabiduría no es inalcanzable, es fruto del temor de Dios y de una vida rendida a Su Palabra.

Oración
Padre, anhelo ser una mujer sabia y prudente que te honre en cada área de mi vida. Ayúdame a edificar y no destruir. Enséñame a hablar con gracia, a actuar con propósito y a decidir con discernimiento. Hazme sensible a Tu voz y dependiente de Tu guía. En el nombre de Jesucristo,
Amén.

Día 51: Notas

Fecha: _____

_____

_____

_____

_____

_____

_____

_____

_____

_____

_____

_____

_____

_____

Ama como Cristo te ama

El amor verdadero no depende de cómo te traten, sino de a quién perteneces. Amar como Cristo te ama no es una emoción pasajera, es una decisión constante. Es amar a los que no lo merecen, perdonar a los que han fallado y extender gracia incluso cuando duele. "Este es Mi mandamiento: que se amen los unos a los otros, así como Yo los he amado" (Juan 15:12).

Jesús no nos dio una sugerencia, nos dio una orden. Y Su amor fue sacrificial, paciente, fiel y compasivo. "El amor es paciente, es bondadoso; el amor no tiene envidia, el amor no es jactancioso, no es arrogante" (1 Corintios 13:4).

Amar como Cristo no significa permitir abusos o injusticias, pero sí implica que tu corazón no se endurece, que no devuelves mal por mal y.que eliges honrar a Dios en la forma en que tratas a los demás. Este amor transforma. Restaura relaciones, sana heridas y rompe cadenas de amargura. No se basa en lo que recibes, sino en lo que has recibido de Él. "Nosotros amamos porque Él nos amó primero" (1 Juan 4:19).

Y cuando amas así, reflejas a Cristo con más fuerza que con mil palabras. Tal vez no todos valoren ese amor. Tal vez algunos lo rechacen. Pero nunca será en vano. Cada acto de amor, por pequeño que sea, tiene poder eterno cuando nace del corazón de Dios.

Oración

Señor, gracias por amarme con un amor perfecto y constante. Hoy decido amar como Tú me amas, no por lo que otros hacen, sino por lo que Tú ya hiciste por mí. Líbrame de la amargura y enséñame a perdonar, servir y bendecir incluso cuando me cuesta. Que mi vida sea un reflejo fiel de Tu amor. En el nombre de Jesucristo, Amén.

Día 52: Notas

Fecha: _____

_____

_____

_____

_____

_____

_____

_____

_____

_____

_____

_____

_____

_____

Cultiva un espíritu manso y firme en la verdad

La mansedumbre no es debilidad. Es fuerza bajo control. Una mujer mansa no es la que permite todo, sino la que elige responder con gracia, incluso cuando tiene razones para reaccionar con dureza. La mansedumbre es una virtud poderosa cuando está acompañada de firmeza en la verdad. "Bienaventurados los mansos, porque ellos heredarán la tierra" (Mateo 5:5).

Jesús fue manso y humilde de corazón, pero nunca comprometió la verdad. Nos mostró que es posible hablar con autoridad sin ser agresivos, corregir con amor y defender la verdad sin perder la paz interior. "Aprendan de Mí, que soy manso y humilde de corazón, y hallarán descanso para sus almas" (Mateo 11:29).

La Biblia dice: "La sabiduría de lo alto es ante todo pura, después pacífica, amable, condescendiente, llena de misericordia y de buenos frutos, sin vacilación, sin hipocresía" (Santiago 3:17). Ese es el espíritu que Dios quiere formar en ti.

Cuando la mayoría grita para ser escuchados, una mujer mansa y firme en la verdad impacta más por su carácter que por su volumen. No necesita imponerse, porque la verdad que sostiene su vida habla por sí sola. "No sea su adorno el externo... sino el yo interno, con el adorno incorruptible de un espíritu tierno y sereno, lo cual es precioso delante de Dios" (1 Pedro 3:3–4).

Cultivar este tipo de espíritu requiere rendición diaria. No siempre es fácil callar, ceder o hablar con dulzura. Pero con la ayuda del Espíritu Santo, puedes ser valiente y firme sin dejar de ser compasiva.

No elijas entre la mansedumbre y la verdad como si fueran opuestas. Abraza ambas. Ser mansa no significa ceder ante el error ni hablar con inseguridad. Puedes ser mansa y, al mismo tiempo, firme y clara al proclamar la verdad de Dios. Esa combinación es evidencia de madurez espiritual y una poderosa herramienta de testimonio.

Oración

Padre, forma en mí un espíritu como el de Cristo: manso, pero firme en la verdad. Líbrame de reaccionar con orgullo o dureza. Enséñame a hablar con amor, a actuar con compasión y a permanecer firme en lo que enseña Tu Palabra. En el nombre de Jesucristo, Amén.

Día 53: Notas

Fecha: _____

_____

_____

_____

_____

_____

_____

_____

_____

_____

_____

_____

_____

_____

_____

Vive el fruto del Espíritu cada día

El fruto del Espíritu no es una lista decorativa. Es evidencia de una vida rendida a Dios. Amor, gozo, paz, paciencia, benignidad, bondad, fe, mansedumbre y dominio propio (Gálatas 5:22–23) no son cualidades que producimos por esfuerzo humano, sino manifestaciones del Espíritu Santo en una vida que permanece en Él.

No se trata de "tratar más fuerte", sino de rendirse más profundamente. Mientras más cerca caminas del Señor, más natural será que Su carácter se refleje en ti. El fruto no se fuerza, se cultiva. Y se cultiva con oración, obediencia y dependencia diaria de Dios. "Yo soy la vid, ustedes son las ramas; el que permanece en Mí y Yo en él, ese da mucho fruto, porque separados de Mí nada pueden hacer" (Juan 15:5).

Una mujer guiada por el Espíritu no vive de manera reactiva, sino intencional. No responde a las circunstancias según sus emociones, sino desde lo que el Espíritu produce en su interior. Esto no significa perfección, sino transformación. Cada aspecto del fruto es una herramienta poderosa para impactar tu hogar, tus relaciones y tu entorno. El amor restaura.

El gozo fortalece. La paz calma. La paciencia sostiene. La bondad guía. El dominio propio protege. Y todo eso glorifica a Dios.

Vivir el fruto del Espíritu es vivir diferente. Es llevar la presencia de Dios adonde vayas. No es algo que se activa solo en momentos "espirituales", sino en lo cotidiano: en la conversación difícil, en la espera prolongada, en la injusticia inesperada.

Oración

Espíritu Santo, haz crecer en mí Tu fruto cada día. Ayúdame a vivir rendida a Ti para que Tu carácter se forme en mi corazón. Que el amor, la paciencia, el gozo, la fe y cada aspecto del fruto se hagan visibles en mi vida. Que otros te vean a Ti reflejado en mí. En el nombre de Jesucristo,
Amén.

Día 54: Notas

Fecha: _____

_____

_____

_____

_____

_____

_____

_____

_____

_____

_____

_____

_____

_____

_____

_____

Construye una vida de oración constante

Orar no es solo hablar con Dios en los momentos de necesidad. Es vivir en comunión con Él en todo momento. Una vida de oración constante no significa pasar horas aislada, sino cultivar una relación continua con el Padre a lo largo del día.
"Oren sin cesar" (1 Tesalonicenses 5:17).

Esta instrucción no es una carga, sino una invitación a vivir conectadas al cielo mientras caminamos por la tierra. Es aprender a conversar con Dios mientras trabajas, cocinas, manejas o enfrentas desafíos. Una mujer que ora constantemente no vive desde la ansiedad, sino desde la confianza. "Por nada estén afanosos, sino que, en todo, mediante oración y súplica con acción de gracias, sean dadas a conocer sus peticiones delante de Dios" (Filipenses 4:6).

No espera al "momento perfecto" para orar, sino que ha hecho de la oración un hábito diario, natural y vital. Sabe que sin oración, su alma se debilita, pero con oración, su fe se fortalece. La oración no tiene que ser complicada ni elocuente.

Dios no busca perfección en tu oración, sino sinceridad en tu corazón. Puedes hablarle como una hija que depende de su Padre, con confianza, reverencia y amor.
"El Señor está cerca de todos los que lo invocan, de todos los que lo invocan en verdad" (Salmo 145:18).

Construir una vida de oración es una decisión intencional. Es darle a Dios el primer lugar en tu día, en tus decisiones, en tus cargas y en tus sueños. Y es también aprender a escucharlo, porque la oración es un diálogo, no un monólogo.

Oración
Padre, quiero caminar contigo cada día a través de la oración. Enséñame a depender de Ti en lo cotidiano y a hablarte en todo momento. Que mi corazón permanezca conectado a Tu presencia y que mi vida esté marcada por una relación constante contigo. En el nombre de Jesucristo,
Amén.

Día 55: Notas

Fecha: _____

_____

_____

_____

_____

_____

_____

_____

_____

_____

_____

_____

_____

_____

Administra tu tiempo con intención eterna

Tu tiempo es uno de los recursos más valiosos que Dios te ha dado. Cada minuto que pasa no vuelve. Por eso, vivir con intención eterna no significa simplemente "hacer mucho", sino hacer lo que realmente tiene valor para Dios. La Palabra nos exhorta: "Tengan cuidado de cómo se comportan. Vivan como gente sabia y no como necios. Aprovechen bien el tiempo, porque los días son malos" (Efesios 5:15–16).

Dios no quiere que vivas acelerada, sino alineada. Que no vivas corriendo sin rumbo, sino caminando con propósito. Una mujer que administra su tiempo con sabiduría pone a Dios en el centro de su agenda. Aprende a discernir lo urgente de lo eterno y sabe decir no cuando algo roba su paz o desvía su llamado. Valora sus horas no por lo que logra, sino por cuánto obedece.

Vivir con intención eterna es preguntarte: ¿Esto que estoy haciendo honra a Dios? ¿Está sembrando en lo eterno o solo en lo temporal? No se trata de vivir en productividad constante, sino de vivir con prioridades claras. "Encomienda al Señor tus obras, y tus propósitos se cumplirán" (Proverbios 16:3).

El enemigo no siempre te atacará con cosas malas; a veces lo hará con distracciones. Por eso, sé intencional. Invierte tu tiempo en lo que edifica, en lo que permanece, en lo que glorifica a Dios.

Oración

Padre, gracias por el regalo del tiempo. Enséñame a administrarlo con sabiduría, a tomar decisiones con enfoque eterno y a vivir cada día con propósito. Que no me deje arrastrar por la prisa ni por lo superficial, sino que busque agradarte en cada momento. En el nombre de Jesucristo,
Amén.

Día 56: Notas

Fecha: _____

_____

_____

_____

_____

_____

_____

_____

_____

_____

_____

_____

_____

_____

_____

Impacto y Multiplicación

Obedece, aunque no entiendas

Obedecer a Dios cuando todo tiene sentido es fácil. Lo difícil es obedecer cuando no entiendes el porqué, cuando el camino parece incierto o cuando tu lógica te grita que tomes otra dirección. Sin embargo, es precisamente en esos momentos donde la fe madura y tu obediencia glorifica más a Dios.

La Biblia está llena de hombres y mujeres que obedecieron sin tener todas las respuestas. Abraham salió sin saber a dónde iba. Noé construyó un arca sin haber visto lluvia. María aceptó su llamado sin entender completamente lo que implicaba. ¿Qué los movió? La confianza en quien los llamó.

"Por la fe Abraham obedeció, saliendo para un lugar que había de recibir como herencia; y salió sin saber a dónde iba" (Hebreos 11:8). Jesús dijo: "Dichosos los que oyen la palabra de Dios y la obedecen" (Lucas 11:28). La verdadera bendición no está solo en conocer la Palabra, sino en obedecerla, incluso cuando cuesta, incluso cuando no se ve la recompensa inmediata.

Dios no quiere que comprendas todo, quiere que confíes en Él. Su voluntad es buena, agradable y perfecta, incluso cuando no parece lógica. Lo que hoy no entiendes, mañana puede ser testimonio. Y lo que ahora duele, después dará fruto eterno. "Confía en el Señor con todo tu corazón y no te apoyes en tu propio entendimiento" (Proverbios 3:5).

Obedecer, aunque no entiendas, no es ignorancia: es rendición. Es declarar con tu vida: "Señor, aunque no entienda el proceso, confío en Tu voluntad."

Oración
Padre, a veces no entiendo lo que estás haciendo, pero hoy decido confiar en Ti. Ayúdame a obedecerte sin reservas, a caminar por fe y no por vista. Que mi obediencia sea una expresión de amor y confianza total en Tu voluntad. En el nombre de Jesucristo, Amén.

Día 57: Notas

Fecha: _____

_____

_____

_____

_____

_____

_____

_____

_____

_____

_____

_____

_____

_____

Recibe paz que sobrepasa todo entendimiento

Hay una paz que no depende de las circunstancias, ni de las respuestas que esperas, ni del control que crees tener. Es una paz que va más allá de lo lógico, más allá de lo humano. Es la paz que solo Dios puede dar, y que solo se recibe cuando entregas el control y confías plenamente en Él.

La Palabra dice: "Y la paz de Dios, que sobrepasa todo entendimiento, cuidará sus corazones y sus pensamientos en Cristo Jesús" (Filipenses 4:7).

Esta paz no es frágil. No se quiebra con el primer problema. Es firme, porque viene del cielo. "Tú guardarás en perfecta paz a aquel cuyo pensamiento en Ti persevera, porque en Ti ha confiado" (Isaías 26:3).

Aceptar esta paz no significa negar lo que sientes, sino rendir lo que sientes a Aquel que reina sobre todo. Es decir. "Señor, esto me duele, esto me preocupa, pero yo elijo confiar en Ti más que en lo que veo o entiendo."

Cuando recibes esta paz, no solo te sostienes tú. Sostienes a otros. Te vuelves una portadora de paz en medio del caos, una mujer que refleja a Cristo en medio de las tormentas. Tu testimonio deja de ser solo palabras y se convierte en evidencia viva del poder de Dios.

No luches por entenderlo todo. Pídele a Dios Su paz. Y cuando la recibas, abrázala con todo tu corazón. Esa paz guardará tu mente, protegerá tus emociones y te dará fuerzas para seguir adelante.

Oración

Padre, hoy suelto el deseo de tener todo bajo control. Te entrego mis pensamientos, mis temores y mis emociones. Lléname con Tu paz, la que sobrepasa todo entendimiento. Que esa paz me guíe, me sostenga y me transforme. En el nombre de Jesucristo, Amén.

Día 58: Notas

Fecha: _____

Vístete de fuerza y dignidad

No importa lo que hayas vivido ni cómo otros te hayan definido. Si estás en Cristo, tienes una nueva identidad. Eres una mujer redimida, amada, apartada y equipada por Dios para vivir con propósito. No estás vestida de vergüenza, derrota o inseguridad. Estás vestida de fuerza y dignidad. "Fuerza y dignidad son su vestidura, y sonríe al futuro" (Proverbios 31:25).

Esta mujer no es fuerte por sí sola, sino porque se ha revestido del carácter de Cristo. No sonríe al futuro porque tenga todo resuelto, sino porque sabe quién la sostiene. "Todo lo puedo en Cristo que me fortalece" (Filipenses 4:13).

Vestirte de fuerza es caminar con la seguridad de que Dios está contigo, incluso cuando te sientes débil. Es levantarte después de caer, hablar con firmeza cuando hay silencio y seguir creyendo cuando todo parece estar en contra.

Vestirte de dignidad es recordar que fuiste comprada con sangre preciosa. Es vivir como hija del Rey, no como esclava del pasado, del miedo o de la opinión de los demás. Tu valor no lo determina tu entorno, sino el Dios que te llamó por tu nombre.

Hoy, elige cómo te vas a vestir espiritualmente. No tomes el manto del desánimo ni las ropas del temor. Ponte la armadura de Dios y cúbrete con la identidad que Él te ha dado. Porque cuando una mujer se viste de fuerza y dignidad, impacta a todo lo que la rodea.

Oración
Señor, gracias por vestirme de fuerza y dignidad. Hoy renuncio a toda mentira que quiera definirme y abrazo la identidad que me has dado en Cristo. Afirma mis pasos, renueva mi mente y hazme caminar como hija tuya. En el nombre de Jesucristo,
Amén.

Día 59: Notas

Fecha: _____

_____

_____

_____

_____

_____

_____

_____

_____

_____

_____

_____

_____

_____

_____

Multiplica lo que Dios te dio e impacta generaciones

Lo que Dios ha hecho en tu vida no es solo para ti. Fuiste transformada con un propósito mayor: ser parte activa del cumplimiento de la Gran Comisión. No se trata solo de contar tu historia, sino de hacer discípulas, de guiar a otras a conocer, amar y obedecer a Jesús. Jesús dijo: "Vayan, pues, y hagan discípulos de todas las naciones" (Mateo 28:19).

Este mandato no fue solo para líderes o misioneros. Fue para todas nosotras. Has recibido por gracia, y ahora estás llamada a dar por gracia. Tu testimonio es una semilla viva que puede despertar fe, restaurar corazones y encender llamados. "Y lo que has oído de mí en presencia de muchos testigos, esto encarga a hombres fieles que sean idóneos para enseñar también a otros" (2 Timoteo 2:2).

No necesitas tener todas las respuestas ni una vida perfecta. Solo necesitas disponibilidad y un corazón rendido. Discipular no es impresionar. Es caminar con alguien, animarla, orar por ella, compartir la Palabra y modelar una vida que sigue a Cristo.

Cada proceso que viviste, cada victoria que celebraste y cada herida que Dios sanó puede ser usado para levantar a otra mujer. No guardes en silencio lo que el Señor ha hecho. Usa tu historia como una llave que abre corazones y dirige miradas hacia Él.

Hoy es un buen día para dar un paso más. Ora por alguien. Llámala. Invítala a leer la Biblia contigo. Inspira fe no solo con palabras, sino con presencia, ejemplo y verdad.

Oración

Señor, gracias por transformar mi vida. Hoy me comprometo a compartir lo que he recibido por gracia. Muéstrame a quién debo discipular, cómo animar y cómo sembrar fe en otras mujeres. Que mi vida no solo te honre, sino que también te multiplique. En el nombre de Jesucristo,
Amén.

Día 60: Notas

Fecha: _____

_____

_____

_____

_____

_____

_____

_____

_____

_____

_____

_____

Este es solo el comienzo...

Sesenta días de rendición, restauración, formación y propósito eterno. Sesenta días en los que el Señor te ha invitado a caminar más cerca, más profundo, más dependiente de Él. Pero este no es el final. Este es solo el comienzo de una vida verdaderamente rendida.

Ahora que Su Palabra ha sido sembrada en tu corazón, es tiempo de dar fruto. Fruto que permanezca. Fruto que impacte a tu familia, a tu iglesia, a tus amistades y a futuras generaciones. Dios no te ha levantado solo para sostenerte, sino para multiplicarte.

Sigue cultivando una vida de oración, de obediencia, de santidad, de sabiduría y de compasión. Permanece firme en la verdad, pero con un corazón humilde.
Y cuando las voces del miedo, la duda o el desánimo intenten hablar más fuerte, recuerda lo que Dios ya ha dicho sobre ti. No regreses atrás. No vivas dormida. No te conformes con una fe superficial.

El mundo necesita mujeres rendidas, llenas del Espíritu, apasionadas por Cristo y comprometidas con Su misión. Mujeres que inspiren, que discipulen, que sirvan y que amen con valentía.

Esa mujer eres tú. Sigue avanzando. Sigue creciendo. Sigue multiplicando lo que Dios ha hecho en ti. Porque una mujer verdaderamente rendida no solo cambia su historia... cambia todo lo que la rodea.

Te bendigo en el nombre de nuestro Señor Jesucristo,
Leslie Torres
Autora

Recursos adicionales de la autora:

Para Mujeres:

Rendida
*Entrégalo todo... y conoce al Rey como
nunca antes*
ISBN: 979-8-9927393-2-9

Susurros del Cielo
*Diario de oración de 365 días para escuchar la
voz de Dios*

Escribe, Bendice y Prospera
*Aprende a publicar libros que glorifiquen a
Dios y gana ingresos desde tu hogar con
Amazon KDP*

El Roi: El Dios que me ve
Encontrando libertad en el desierto

El Sueño de Dios para Sus Hijas
*Descubre tu propósito eterno en cada
etapa de tu vida*

El Primer Gran Mandamiento
Qué significa y cómo vivirlo cada día

Es importante seguir creciendo y madurando espiritualmente, pero no debemos olvidar la responsabilidad que tenemos de sembrar la Palabra de Dios en las próximas generaciones. Cada niño que Dios pone en nuestro camino es una oportunidad para impactar el futuro con fe, amor y verdad. La serie Jesus' Pinky Promise es un regalo perfecto para cualquier ocasión especial, ya sea para tus propios hijos, nietos, sobrinos, o cualquier niño a tu alrededor. ¡Siembra hoy semillas eternas que darán fruto para toda la vida!

Recursos para niños: La Serie Jesus' Pinky Promise

**30 Días de las Promesas de Dios
para Niños**
ISBN: **979-8-9927393-1-2**

***Diario de Gratitud**
ASIN: **B0DZVRMWQF**
**Disponible solo en Amazon*

Espíritu Santo

La Armadura de Dios

Sabiduría

Salmos para Adorar